そのまんまの日本語

日本語
自然な会話で学ぶ

Learning Japanese Through Everyday Conversation

遠藤織枝編
Edited by ENDO Orie

ひつじ書房

目次

はじめに

I. このテキストを作ったいきさつと目的

　日本語会話教科書『そのまんまの日本語−自然な会話で学ぶ』を手に取っ
てくださってありがとうございます。

　このテキストは、私たちが集めた実際の会話の中から選んだ 15 の会話文
を中心として作り上げたものです。その会話では、20 代の大学生どうしの話
し合い、40 代の公務員の休憩時間の雑談、家族のおしゃべり、飲み屋での
40 代の客と店主との話し合いなど、いろいろな世代の人々が、いろいろな話
題について話し合っています。中には関西弁の話し手もいます。これらの会
話は、ひつじ書房から出した『談話資料 日常生活のことば』(2016)、『男性
のことば 職場編』(2002)、『女性のことば 職場編』(1997) の 3 冊の談話資
料コーパスから取っています。そして、この談話資料は、日本語の話しこと
ばの実際の 姿を知るために、現代日本語研究会のメンバーが 1993 年から
2016 年にかけて集めた生の会話を文字化したものです。

　20 年以上にわたる研究を通じて、日本語の話しことばが、今までの文法
書・日本語教科書・日本語学の概説書などに書かれていたこととはずいぶん
違っていることがわかってきました。

　80 年代の日本語教科書には次のような会話文が載っていました。

　林先生は何時の飛行機で出発されるんだったかなあ。／さあ、何時だった
かしら。／山田君、君は覚えているかい。／うん。十六時四十五分発の日
航機だそうだ。／じゃあ、まだ時間はだいぶあるね。そこの店でお茶でも
飲んで行こうか。／うん。そうしよう。雪子さんもどう。／ええ、いっ
しょに行くわ。」(『日本語初歩』1981)

　私たちは、女性が実際に「何時だったかしら」「ええ、行くわ」のような
ことばを使っているのだろうかという疑問から研究を始めたのですが、生の

会話をたくさん集めて、使われた例を調べていくうちに、今までの研究書や教科書で説明されてきたことばがほとんど使われていないことがわかりました。集めた会話資料の中には上の教科書のような女性の発話も出てこないし、「君は覚えているかい」と話す男性の例も見当たりませんでした。また、同じころの日本語教科書には「わたしは○○です。あなたは××さんですか」のような会話文が出ていましたが、こういう文で「わたし」「あなた」のようなことばもあまり使われないこともわかってきました。

　こうした研究を続けるうちに、会話の教科書も、教科書執筆者や日本語教師が頭で考えて作ったものでなく、実際に話された会話に基づいて作られたものが必要だと考えるようになりました。

　実際の会話には、作られた会話文とは違う、いろいろな特徴があります。「ご飯食べる？」のように助詞が抜けるのもあるし、「もう食べた？　ごはん」のように、普通とは違う順序で話されることもよくあります。初級では「授業におくれてしまいました」と習ったことを、学生どうしの会話では「授業におくれちゃった」と言っています。書くときは「すごい」「やはり」と書くことばを、会話では「すっごい」「すごーい」「やっぱり」「やっぱ」などと言うことが多いのです。聞き手も、相手の言うことを楽しんで笑ったり、同意するあいづちを打ったりして、一緒に会話を盛り上げていきます。また会話の話題の進め方も、たとえば、第1課の「桜の開花」のように、桜が咲くのを待ち望んでいるかと思うと、異常気象に話が飛んでいって、話が急に変わったりします。卒論の話では、話し手自身がよくわかっていないことを話しているため、聞いていてもわかりにくい会話になっています。

　こうした、会話の生きた姿は、本物の会話でしかみられません。実際の会話は、頭の中できちんと整えて作ったものとは違って、会話をしている人々の個性によって、どんどん進められ、どのようにでも変化していきます。予想どおりに進まないことの方が多いのです。

　日本語を学ぶ皆さんに、こうした本物の生きた会話のやりとりを聞いてほ

しいと思います。そして実際に世間で話される日本語に慣れてほしいと思います。この教科書が、皆さんが今まで習ってきた日本語と、自然に話されている会話との橋渡しになることを願っています。

Ⅱ. この教科書の構成と使い方

Ⅱ-1. 全体の構成:

　まず、この教科書がどういういきさつで、どういう目的で作ったかを述べています。次に、会話のことばの音の変化がわかる一覧表を載せています。会話のことばには、本や新聞に書かれたものとは違って、その音が変化していることばがたくさんあります。こうした変化を、変化の種類で分けて整理しています。音の変化にどんなものがあるかを知りたいときに使ってください。

　次にいよいよ会話に入ることになりますが、この教科書では13の課に15の会話文を載せています。第2課と第3課には、同じテーマでふたつの会話文を載せています。この15の会話文には音声のCDがついています。このCDは、生の会話ではありません。生の会話ですと、個人情報がもれることになります。また、レストランや車の中などいろいろな場所で録音していますので、音声が聞き取りにくいのが多いです。そのため、元になっている談話資料から読むための原稿を作り、俳優さんに自然な雰囲気を残したまま会話をしてもらいました。

　ここで、録音と本文の関係について、書いておきます。本文と録音の音声とは、一致していない部分があります。実際の会話では、話し手が話しているとき、聞き手があいづちを打ったり、話しかけたりすることがよくあります。そうしたあいづちなどをそのまま書くと、会話の流れが切れて、本文が理解しにくくなります。本文は、目で読んで文の内容がすぐわかることがたいせつです。それで、会話の文章は、話し手のことばを中心にして書いてあります。そのため、音声では聞こえているけれど、本文にはそのことばが書かれていないこともあります。

また、半疑問や長く伸びた音なども、本文にそのまま記してはいません。本文を読みやすくするためです。テープでは自然な会話の流れを聞き取ってください。本文では文字で内容を理解してください。楽しい会話がたくさんあります。みなさんも楽しみながら、このふたつのことをやってみてください。

第1課は「桜の開花」になっています。日本の季節の春から始めていますが、使うときは何課から始めてもかまいません。そのクラスの学習者がいちばん興味のある課からでも、その時の季節に合った課からでも、どこからでも始めてください。どこから始めてもいいように、語彙リストは、その課に出てきた中級以上の語を各課で載せています。その結果、いくつかの課の語彙リストに同じ語がたびたび出てきています。

その後、第2課は出版社の社員の休憩時間の雑談、第3課は美容院での店員と客との話し合いと、いろいろな場面での会話文が続きます。就職活動や卒業論文など学生生活の中での会話、また、幼なじみが子供時代のことを話し合うもの、そして、留学時代のことを家族で話し合うものもあります。

最後は索引です。中級以上の語句と慣用句などを五十音順に並べています。教科書に出てくることばがどこに出ているか知りたいときに使ってください。

Ⅱ-2. 各課の構成と使い方:

13の課の各課の構成を述べながら、この教科書の使い方を考えていきます。

1. 最初は扉になっています。ここでは、その課のイメージがわかるイラストと各課で習うポイントを示して、ウォーミングアップをしてもらいます。扉を開いた次の2ページが会話の本文です。本文の扱い方は、CDを耳で聞いてから本文を見る、本文を目で読んでからCDを聞く、本文を目で追いながらCDを聞く、などいろいろ方法が考えられます。まず、CDだけ聞いて「何について話しているか」を話し合う、2回目は、もう一度CDを聞きながら、皆さんに「わからない単語」を書き出してもらう、ここで初めて語彙リストを見る、それを確認して、初めて本文を見

ながらもう一度 CD を聞く、こういうやり方もその 1 例です。

2. いままで、「待っている」や「読まなければ」と習ってきた言い方が、会話では「待ってる」や「読まなきゃ」となっています。こうした音の変化は、会話文にたくさんあります。そういったところは、本文の中に、音の変化した箇所に数字をつけて、元の形を会話のページの下の方に小さい字で示しています。

3. あいづちや、「ええっと」「まあ」のようなフィラーは、音声の CD の中には入っていて音声では聞こえますが、文字の本文には出てこない場合があります。会話の流れを読みやすくするためです。

4. CD を聞いたり、本文を読んだりしながら、そこで話されている会話の内容を理解してください。これらの会話に慣れて、言っていることがわかることが目的です。これらの会話と同じように話せるようになる必要はありません。会話の真似をする必要もありません。

5. 次の 語彙リスト には、中級以上で習うことばを載せています。リストの語句には、英語・中国語・韓国語の訳をつけました。CD を聞く前に、新しい語彙について見ておくと、聞いたとき理解が早いかもしれません。

6. 表現項目 では、その課に出てくる表現で、初級では習わなかったものをとりあげています。その使い方を知るために、教科書で出てきた表現を最初に示して、その理解を助けるための例文を 2 例ずつ出しています。例文を見ながら、その意味と使い方を考えてください。

7. その次には、 自然会話の特徴 という文章を載せています。ここでは、このテキストに出てくる、ことば・文・会話の流れの特徴についてまとめて整理しています。ある課では若者ことばについて書いています。「めっちゃむずかしい」「超絶ホワイト」のようなこの教科書に出てくる若者ことばを集めて、若者ことばの作り方や、使い方の特徴を簡単に説明しています。「丁寧体と普通体」という文章では、たとえば、「日曜日です・行きますよ」のように「です・ます」を使う丁寧体と、「日曜日だ・行くよ」のように「です・ます」をつけない普通体との使い方について説明

しています。その話し方のスタイルの違いについて、だれがどういうときに、どちらのスタイルを使うかなど、実際の例を見ながら考えるようにしています。

8. 次は ✊ 話し合おう ✊ です。それぞれの会話を聞いて、そこで話されている内容や表現について、皆さん自身の経験や考えていることを何でも話してみましょう。関連のあることであれば会話から離れてもかまいません。

9. 最後は 文化ノート と 会話スクリプト です。このふたつは、課によって載せている課と載せていない課があります。文化ノート では、各課の本文で話されているテーマについての簡単な歴史や、関連する新聞記事などを紹介しています。その課で話されている内容を広げたり深めたりするためのものです。知っておくと会話の内容がよく理解できるものや、その会話をきっかけにもっと考えてみたいときのヒントになるものです。授業時間の中では、ゆっくり読んでいる時間はないかもしれませんが、そういう場合は、会話文の理解が終わった時に、また、✊ 話し合おう ✊ の前などに、目を通してみてください。そして、授業が終わった後でも、時間を見つけてじっくりと読んでみてください。

3・8・10・11課では、文化ノート の代わりに、会話スクリプト を載せています。実際に話されている会話をそのまま文字にしたものです。本文では読むのに邪魔になるために載せなかったあいづちやフィラーも全部示し、文の重なりなどがわかるような記号をつけ、話し始めの場所などもわかるようにしています。実際の会話の流れのメカニズムがよくわかります。

最後に、こうした各課を90分授業のクラスで扱う場合の時間配分の例を示しておきます。会話の理解に25分、語彙と表現の理解に25分、自然会話の特徴 に20分、✊ 話し合おう ✊ に10分、文化ノート 会話スクリプト に各10分、という案です。実際のクラスでは、学ぶ人の興味やレベルによって一律には考えられませんので、あくまでもひとつの目安として考えてください。

この教科書を使って日本語を勉強する皆さんの、日本語のレベルが上がること、日本語と日本についての興味がますます大きくなることを願っています。

自然会話のことばの音変化の一覧表
しぜんかいわ　　　　　　　　　おんへんか　　　いちらんひょう

自然の会話の中では、ことばの形が変わることがよくあります。その変化を
　　　　　　　　　　　　　　かたち　か　　　　　　　　　　　　　　　　　　へんか
①音が脱落するもの、②音が加わるもの、③音が変化するもの、の３つにわ
おん　だつらく　　　　　　　　　くわ
けて整理しています。
せいり

1 音が脱落（抜けたり、落ちたり）することば
　　　　　　　ぬ　　　　　お

1-1 語の終わりの音が落ちる
　　ご

あんま←あんまり

そんなない←そんなにない

とこ←ところ

ほんと←ほんとう

やっぱ←やっぱり

1-2 「い」が抜ける

1-2-1 「〜ている」の「い」

〜てる、〜てて、〜てた、〜てます←〜ている、〜ていて、〜ていた、〜
ています

〜てた

やっ<u>てた</u>←やっ<u>ていた</u>

〜て（で）て

持っ<u>てて</u>←持っ<u>ていて</u>
も

読ん<u>でて</u>←読ん<u>でいて</u>
よ

〜て（で）る

きい<u>てる</u>←きい<u>ている</u>

傷ん<u>でる</u>←傷ん<u>でいる</u>
いた

〜てます

知っ<u>てます</u>←知っ<u>ています</u>
し

1-2-2「～ていく、～ていそう」の「い」

～てく

考え<u>て</u>くと←考え<u>てい</u>くと

～てこう

持っ<u>てこう</u>←持っ<u>てい</u>こう

～てそう

えばっ<u>てそう</u>←えばっ<u>てい</u>そう

1-2-3「いやだ」の「い」

<u>や</u>だ←<u>い</u>やだ

1-2-4「～てほしい」「やすい」の「い」

変えてほし<u>ん</u>ですけど←変えてほし<u>い</u>んですけど

やっ<u>す</u>←やす<u>い</u>

1-3「です」の「で」

ぶらぶらしたん<u>す</u>←ぶらぶらしたん<u>です</u>

そうなん<u>す</u>よ←そう<u>なん</u><u>です</u>よ

1-4 長音が短くなる

そ<u>か</u>そ<u>か</u>←そ<u>う</u>かそ<u>う</u>か

2 音が加わることば

2-1「ー」の追加

すご<u>ー</u>い←すごい

ず<u>ー</u>っと←ずっと

2-2「ん」の追加

そのま<u>ん</u>ま←そのまま

あ<u>ん</u>まり←あまり

お<u>ん</u>なじ←おなじ

2-3「っ」の追加

す<u>っ</u>ごい←すごい

いっつも←いつも

やっぱり←やはり

ぜんっぜん←ぜんぜん

昔っから←昔から
（むかし）

やっす←やすい

めっちゃくちゃ←めちゃくちゃ

3 音の変化

3-1「た」や「ち」などがつまって「っ」になる

あったかい←あたたかい

そっち←そちら

どっか←どこか

いっか←いいか

そっか←そうか

多いからっしょ←多いからでしょ
（おお）

3-2「と」がつまって「って」になる

3-2-1 って←と

2分か3分咲きかなって言ってたら←2分か3分咲きかなと言ってたら
（ぷん）（ぷんざ）（い）

覚えてるかっていうと←覚えてるかというと
（おぼ）

25度を超えるとかって←25度を超えるとかと
（ど）（こ）

3-2-2 って←という／というのは

あるかなって気がする←あるかなという気がする
（き）

体操っていいですよね←体操というのはいいですよね
（たいそう）

3-2-3 っていうか／ってゆうか←というか

やり直しっていうか←やり直しというか
（なお）

乱、乱暴ってゆうか←乱、乱暴というか
（らん）（らんぼう）

3-2-4 っちゃ←といえば

厳しいっちゃ厳しい←厳しいといえば厳しい
（きび）

3-2-5 っつって / っつったら←と言って / と言ったら

でも、薩摩おごじょ、っつってー、強いんじゃないの←でも、薩摩おごじょ、と言ってー、強いんじゃないの

「おれ、ミスチル以外聞かないんですよ」っつったら←「おれ、ミスチル以外聞かないんですよ」と言ったら

3-2-6 っちゃい←いさい

ちっちゃい←ちいさい

3-2-7 といて←ておいて

書いといて←書いておいて

3-3 「の」の変化

3-3-1 ん←の

ダイエットするんなら←ダイエットするのなら

家ん中←家の中

3-3-2 もん←もの

やるんだもんね←やるんだものね

男もん←男もの

3-3-3 ん←ら / る / れ / ろ

ん←いる

ぶっ倒れてんのに←ぶっ倒れているのに

ん←いるの

作ってんだ←作っているのだ

ん←ら

わかんない←わからない

ん←る

どうすんの←どうするの

ん←るの

なんだろうか←なるのだろうか

はい**ん**だよね←はい**る**のだよね

ん←れ

そ**ん**だけ←そ**れ**だけ

そ**ん**で←そ**れ**で

ん←いろ

いろ**ん**な←いろ**いろ**な

3-4 「に」の変化

ん←に

おれは 40 ぐらい**ん**なっても←おれは 40 ぐらい**に**なっても

3-5 「ない」「さい」の変化

ねえ←ない

アメリカじゃ**ねえ**や←アメリカじゃ**ない**や

せ←さい

めんどく**せ**んだ←めんどく**さい**んだ

3-6 「ては / では / れは / ければ」 → 「ちゃ / じゃ / りゃ / けりゃ」 の変化

ちゃ←ては

忘れ**ちゃ**いけない←忘れ**ては**いけない
わす

じゃん←**じゃ**ないか←**では**ないか

駄目**じゃん**←駄目**じゃ**ないか←駄目**では**ないか
だめ

りゃ←れは

そ**りゃ**←そ**れは**

な**きゃ**←な**ければ**

6 時半に起きてやらな**きゃ**←6 時半に起きてやらな**ければ**
じ はん　お

3-7 「てしまう」の変化

読んでこれ**ちゃう**←読んでこれ**てしまう**
よ

第 **1** 課

桜の開花
さくら　かいか

どんな話をしていると思いますか。
はなし　　　　　　　　おも

あなたは、店の人とどんな話をしますか。
みせ　ひと

■ **会話**　桜について話す店主と客の会話
かいわ　さくら　　　　はなし てんしゅ きゃく

■ **自然会話の特徴**　丁寧体と普通体
し ぜんかいわ　とくちょう　ていねいたい　ふ つうたい

■ **文化ノート**　桜
ぶんか

1

第1課　桜の開花
（だいかか）　（さくらかいか）

　桜の季節になりました。会社員の青木さん（40代）は、行きつけの居酒屋で飲
（きせつ）　　（かいしゃいん あおき）　　　　　　　（だい）（い）　　（いざかや）（の）
みながら、親しい店主（40代）と、近所の開花の様子などについて話しています。
　　（した）（てんしゅ）　（だい）　（きんじょ）（かいか）（ようす）　　　（はな）

🔊 CD 2

① 店主：急に、きのうあたり一気に、花が、2、3日、なんか、ねえ。
　　　　（きゅう）　　　　　　（いっき）　（はな）　　　　（にち）

② 青木：やっぱ¹、この寒暖の差、やっぱりきくんだね。
　　　　　　　　　　（かんだん）（さ）

③ 店主：うーん。朝に2分か3分咲きかなって²言ってたら³、もう、あの、
　　　　　　　　　（あさ）　（ぶ）　（ぶ）（ざ）　　　　　　　　　（い）
　　　　昼のあと、あったかいんで⁴、5分咲き以上になったみたいだよね？
　　　　（ひる）　　　　　　　　　　（い）（じょう）

④ 青木：そうそうそう、あっという間でした、もう。ほんと⁵は朝、まだ、
　　　　　　　　　　　　　　　　　　　　　　　　　　（あさ）
　　　　「ああ、に、2、3分かなあ」なんつってたら⁶。

⑤ 店主：うんうん。

⑥ 青木：ね、昼休み終わって「あれ？」って感じで。
　　　　　　（ひるやす）（お）　　　　　　（かん）

⑦ 店主：一気なんだなあ。ちょうど、ほら、うちの近くだと、あの神田川沿
　　　　（いっき）　　　　　　　　　　　　　（ちか）　　　　（かんだがわぞ）
　　　　いにけっこう桜があってね。

⑧ 青木：ありますね。

⑨ 店主：ほんで⁷、えっと⁸ねえ、いつだったっけなあ？ えっと、日曜日の
　　　　　　　　　　　　　　　　　　　　　　　　　　　　（にちようび）
　　　　夜かなあ？
　　　　（よる）

⑩ 青木：はい。

⑪ 店主：うん、帰りにちょっとね、フッと見たらね、全然咲いてないのよ。
　　　　　　（かえ）　　　　　　　（み）　　（ぜんぜん）

⑫ 青木：うん。

⑬ 店主：うん、で、よく見たら1輪だけポコッと咲いてくれてて⁹、ああでも
　　　　　　　　　　　　（りん）
　　　　「ああ、まだだなあ」と思って、で、月曜日過ぎたら、花がバーッ
　　　　　　　　　　　　　　（おも）　　　（げつようび す）　（はな）
　　　　と、だから、「すごいなあ」と思ってね。ねえ、昔はそういうの興味
　　　　　　　　　　　　　　　　　　　　　　（むかし）　　　　　　（きょうみ）
　　　　なかったんだけどね。花、花がねえ、どれぐらい咲いてる¹⁰かどう
　　　　かとか、そういうの全然、興味なかったよ。桜の、前線の、動きな
　　　　　　　　　　　　　　　　　　　　　　　　（ぜんせん）　（うご）
　　　　んて気になんなかった¹¹けどねえ。
　　　　（き）

⑭ 青木：フハハハ。

⑮ 店主：フハハハ。

⑯ 青木：ね、東京のほうが先に咲いて、名古屋が後だってのも¹²。
　　　　　　（とうきょう）　（さき）（さ）　　（なごや）（あと）

⑰　店主：後だってねえ。

⑱　青木：ねっ。

⑲　店主：あのー、静岡あたりと一緒ぐらいみたいだねえ、東京は。

⑳　青木：ねっ。そんだけ **13** あったかいってことだもんねえ **14**。

㉑　店主：あったかいからねえ。でも、ちょっと、気象的には異常だね。

㉒　青木：異常です。全然異常です。

㉓　店主：うーん。あの、きのうときょうじゃ、ずいぶん差があるでしょう。

㉔　青木：うん。25度を超えるとかって、言うかと思ったら、いきなり10何度にしか上がんない **15** とかさ。

㉕　店主：そうなんですよ。もう年寄りとか体の弱いような人だと、本当、おかしくなっちゃう **16** よねえ。

1　やっぱ←やっぱり
2　3分咲きかなって←3分咲きかなと
3　言ってたら←言っていたら
4　あったかいんで←あたたかいので
5　ほんと←ほんとう
6　なんつってたら←なんて言っていたら
7　ほんで←それで
8　えっと←ええと
9　咲いてくれてて←咲いてくれていて
10　咲いてる←咲いている
11　なんなかった←ならなかった
12　後だってのも←後だっていうのも
13　そんだけ←それだけ
14　あったかいってことだもんねぇ←あたたかいということだものねぇ
15　上がんない←上がらない
16　おかしくなっちゃう←おかしくなってしまう

語彙リスト

	日本語	英語	韓国語	中国語
1	開花	coming into bloom	개화，꽃이 핌	开花
2	青木（人名）	Aoki (surname)	아오키 (인명)	青木（人名）
3	行きつけ	usual, regular (of a shop, etc.)	단골	常去
4	居酒屋	izakaya (Japanese bar)	술집	小酒馆
5	親しい	close (of a friend, etc.)	친한	相熟的
6	店主	owner of a bar, store, etc.	가게 주인	店主
7	一気に	all at once	한꺼번에，단숨에	一下子
8	寒暖	cold and heat	추위와 더위	冷暖
9	差	difference	차，차이	差异
10	2分	(around) two tenths, 20 percent	20 퍼센트	2成
11	～咲き	blooming (to ～ extent, in ～ way)	꽃이 핀 상태，개화의 정도	开了～

	日本語	英語	韓国語	中国語
12	あっという間	brief period (lit. 'time it takes to say "ah!"')	눈 깜짝할 사이, 금방	一刹那
13	神田川	Kanda River	간다 강 (강 이름)	神田川
14	～沿い	along ～ (of a river, etc.)	～변 (강변，도로변 등)	～沿岸
15	フっと	suddenly, spontaneously	문득，갑자기	轻轻地
16	全然	at all, totally (with negative predicate); totally, absolutely (with positive predicate)	전혀	完全（不）
17	1輪	one (輪 = counter for flower buds, blossoms, etc.)	한 송이	1朵
18	ポコッと	roundly, protrudingly	달랑，불뚝	形容突出的样子（拟态词）
19	パーッと	entirely, cleanly	확	形容成片的样子（拟态词）
20	興味	interest (in something), hobby	흥미，관심	兴趣
21	桜の前線（桜前線）	lit. 'cherry blossom front' (as they gradually come into bloom from southwest to northeast Japan)	벚꽃 전선 (벚꽃의 개화일이 같은 지역을 선으로 연결한 것)	櫻花前线
22	動き	movement	이동，움직임	动向

23	～なんて	stuff like ～, ～ or whatever (dismissive)	～ 같은 것 (인용을 나타내어 "～ 라는 ", "～ 라니 ", "～ 따위 " 등으로 해석되는 조사)	什么的
24	東京 とうきょう	Tokyo	도쿄	东京
25	名古屋 なごや	Nagoya (place name)	나고야	名古屋
26	静岡 しずおか	Shizuoka	시즈오카	静冈
27	あたり	around	주변 , 근처	一带
28	気象的に きしょうてき	in terms of climate	기상적으로 , 날씨상 으로	气象上
29	異常だ いじょう	be abnormal, strange	비정상이다	异常

30	ずいぶん	really, very	꽤	非常
31	差 さ	difference	차 , 차이	差异
32	超える こ	exceed, go beyond	넘다	超过
33	いきなり	suddenly	갑자기	突然
34	年寄り としよ	old person	노인	老年人
35	おかしい	funny, strange, weird（お かしくなる＝come over funny）	이상한 , 웃긴	不正常（要生病），不合适

表現項目
ひょうげん こうもく

1. きのうあたり一気に花が咲いた。

   ・今週末あたり、一杯飲もうか。
   　こんしゅうまつ　　　　　いっぱい
   ・7月あたりに、夏休みを取ろうと思う。
   　　　　　　　　なつやす　と

2. 桜を見たのは、いつだったっけ？

   ・彼女の誕生日、いつだっけ？
   　かのじょ　たんじょうび
   ・あした、テスト、あるっけ？

3. 桜が1輪だけ咲いててくれた。

   ・ずっと雨の日が続いていたけど、やっと晴れてくれた。
   　　　　　　　　つづ　　　　　　　　　　　　は
   ・月が出てくれたおかげで、夜道でも明るい。
   　　　　　　　　　　　　よみち　　あか

4. 昔は花なんて興味がなかった。

   ・家にプールがあるなんて、すごいね。
   　いえ
   ・ダイエットなんて、しなくてもいいのに。

5. 気象学的には異常だね。

   ・その企画は、会社的にはコストがかかりすぎて賛成できない。
   　　きかく　　かいしゃてき　　　　　　　　　　　　　さんせい
   ・こちらのお洋服は、お色的には白、黒、茶色の3色をそろえております。
   　　　　　ようふく　　いろてき　　しろ　くろ　ちゃいろ　　しょく

6. 全然異常です。

   ・A：これで大丈夫かな。
   　　　　　　だいじょうぶ
   　B：全然大丈夫ですよ。
   ・A：スープ、ちょっと失敗しちゃって。
   　　　　　　　　　　　しっぱい

　　B：ううん、<u>全然おいしいよ</u>。

7. 擬音語・擬態語（オノマトペ）
<ruby>擬音語<rt>ぎおんご</rt></ruby>　<ruby>擬態語<rt>ぎたいご</rt></ruby>

①桜を<u>フッと</u>見たら、全然まだ咲いていなかった。

　・その<ruby>音楽<rt>おんがく</rt></ruby>を<ruby>聴<rt>き</rt></ruby>いて、<u>フッと</u><ruby>彼<rt>かれ</rt></ruby>のことを<ruby>思<rt>おも</rt></ruby>い<ruby>出<rt>だ</rt></ruby>した。

　・<u>フッと</u><ruby>振<rt>ふ</rt></ruby>り<ruby>返<rt>かえ</rt></ruby>ると、小さなねこがいた。

②よく見たら1輪だけ<u>ポコッと</u>咲いていた。

　・<ruby>毎日<rt></rt></ruby><ruby>予定<rt>よてい</rt></ruby>がいっぱいだが、<ruby>急<rt>きゅう</rt></ruby>に<ruby>仕事<rt>しごと</rt></ruby>が<ruby>中止<rt>ちゅうし</rt></ruby>になって<u>ポコッと</u>時間が<ruby>空<rt>あ</rt></ruby>いた。

　・お<ruby>腹<rt>なか</rt></ruby>が<u>ポコッと</u>出ている。

③花が<u>バーッと</u>（咲いた）

　・夏休みにすることを<u>バーッと</u>書いてみた。

　・<ruby>仕事<rt>しごと</rt></ruby>を<u>バーッと</u><ruby>片<rt>かた</rt></ruby>づけて、<ruby>早<rt>はや</rt></ruby>く帰ろう。

自然会話の特徴
<ruby>しぜんかいわ<rt></rt></ruby>　<ruby>とくちょう<rt></rt></ruby>

丁寧体と普通体
<ruby>ていねいたい<rt></rt></ruby>　<ruby>ふつうたい<rt></rt></ruby>

　　日本語では、普通は<ruby>年<rt>とし</rt></ruby>や<ruby>立場<rt>たちば</rt></ruby>が下の人から上の人に話す<ruby>場合<rt>ばあい</rt></ruby>には<ruby>丁寧<rt></rt></ruby>な<ruby>話<rt>はな</rt></ruby>し<ruby>方<rt>かた</rt></ruby>をします。この<ruby>教科書<rt>きょうかしょ</rt></ruby>の2課、5課、9課、10課、11課では<ruby>上下関係<rt>じょうげかんけい</rt></ruby>のある人たちが会話をしていますが、年や立場が下の人が上の人に話す場合には、いつも丁寧な<ruby>形<rt>かたち</rt></ruby>（丁寧体）で話していることがわかります。たとえば5課の会話を見てみると、学生のころ、ラジオ<ruby>体操<rt>たいそう</rt></ruby>のテストがあったという話を、<ruby>年代<rt>ねんだい</rt></ruby>の<ruby>違<rt>ちが</rt></ruby>う3人が<ruby>次<rt>つぎ</rt></ruby>のように話しています。

　林（20代）　　　：わたし高校でテスト<u>ありました</u>よ。
　　　　　　　　　　　<ruby>こうこう<rt></rt></ruby>
　北原（50代）　　：<u>テスト</u>？
　水野（40代）　　：え、あたしも<ruby>短大<rt>たんだい</rt></ruby>でテスト<u>あった</u>。

　　いちばん<ruby>年下<rt>としした</rt></ruby>の林さんは「ありました」と丁寧な形で自分の<ruby>経験<rt>けいけん</rt></ruby>を<ruby>述<rt>の</rt></ruby>べて

いますが、年上の北原さんはラジオ体操のテストがあったということに驚いて「テスト?」と聞き返し、「テストですか」「テストがあったんですか」のように丁寧には話していません。また水野さんも、「テストあった」とくだけた表現（普通体）で答えています。このように基本的には年や立場が下の人が上の人に話す場合は丁寧体を使い、普通体を使うことはありません。

　一方、年や立場が上の人が下の人に話す場合には、丁寧体から普通体へ、そしてまた丁寧体へといったスタイルシフトが見られます。

　この1課の会話では、丁寧体と普通体が両方使われています。普通は客よりも店の人のほうが丁寧に話すものですが、この会話は必ずしもそうではありません。そのように使われている部分もあれば、店の人よりも、客（青木さん）のほうが丁寧な表現を使っている部分もあります。まず、丁寧さが表現されている部分と、くだけた表現が使われている部分を探してみましょう。会話のはじめに、店の人よりも客のほうが丁寧に応対している部分が見られます。

1.　店主：けっこう桜があってね。
2.　青木：ありますね。

3.　店主：ちょっと、気象的には異常だね。
4.　青木：異常です。全然異常です。

　そのあとで、逆に、客が普通体で話し、店の人が丁寧に返事をする部分が見られます。

5.　店主：きのうときょうじゃ、ずいぶん差があるでしょう。
6.　青木：うん。25度を超えるとかって、言うかと思ったら、いきなり10
　　　　　何度にしか上がんないとかさ。
7.　店主：そうなんですよ。

6

　この会話では、はじめの部分では、1．で客への親しみをあらわし、客と近づこうという意識が店主のくだけた言い方に現れていますが、逆に客のほうが慣れてきて、6．で普通体で応対をし始めると、店主はまた、7．で少し丁寧な言い方を混ぜて、店主らしい配慮を見せます。このように、丁寧に話したり、カジュアルに話したりといった表現を混ぜることで、その場その場で相手との距離感のバランスを適切に調整することができるのです。

　まだ知り合って間もない間柄の相手との会話では、相手との関係がはっきりと決まっていないので、相手との距離がよくわからず、丁寧な話し方の中に少しずつ普通体を試しに混ぜてみるということがよく行われます。しかし、この会話のようによく知っている相手との間でも、スピーチスタイルは固定されず、変化し続けるということがわかります。スタイルシフトに注意しながら他の課の会話もくわしく観察してみてください。

話し合おう

1．あなたの出身地で、季節を感じる行事にはどんなものがありますか。

2．あなたの出身地で、人気がある花や、特別の意味のある花にはどんな花がありますか。

3．あなたは、どんなことで季節や時間を感じますか。

4．あなたが丁寧な話し方で話そうと思うのはどんな場面ですか。

文化ノート　桜

　桜は日本を代表する花のひとつです。歌詞に「さくら」が使われている歌は昔から現在までたくさんあります。たとえば童謡の「さくらさくら」を知っていますか。この歌は子どもから大人まで歌えるだけでなく、日本を象徴する歌として琴の音色などでよく耳にします。また、2003年に発売された森山直太朗の「さくら（独唱）」は学校の卒業式などでも歌われていますし、AKB48の「桜の木になろう」（2011年）、嵐の「Sakura」（2015年）など毎

年のように桜がタイトルになった歌が作られています。

　歌だけではありません。たとえば、地名では、「桜台」や「桜が丘」など「桜」の入った町名が全国各地にありますし、2005年には栃木県に「さくら市」という市も誕生しました。人の名前にも「桜田」さん、「桜井」さんという名字はよく見かけます。ある調査によると「さくら」ちゃんという名前は毎年女の子の名づけ人気ランキングの上位に位置しているそうです。「美桜」ちゃん・「璃桜」くんなどという名前もあります。そのほかにも、ピンク色の小さなエビは「桜エビ」、ピンク色の小さな貝は「桜貝」、などさまざまなところに「桜」は使われています。このように桜は日本人の生活に深くかかわっていて、愛されている花だと言えるでしょう。

　天気予報では、3月になると桜の開花予想を伝えます。開花の予想に使われる桜は日本で最もよく見られる「ソメイヨシノ」という桜です。その開花予想日を地図の上に書き込み、それを線でつないだものを桜前線と言います。日本では6月ごろから梅雨の時期に入り、雨を降らせる梅雨前線が天気図で示されます。この前線をまねて名づけられました。桜前線は沖縄・九州からだんだん日本列島を北上し、3月下旬から4月上旬にかけて多くの地域で満開を迎えます。4月は学校も会社も新年度。人々は、今か今かと桜の開花を待ち望み、満開の桜の下でお花見を楽しみ、そして新生活をスタートさせます。桜は新しい生活のスタートとその喜びや期待感を象徴する花なのです。

第 **2** 課

本が大好き
ほん　　　だい　す

あなたはどんな本が好きですか。
　　　　　　　ほん　す
1か月に何冊ぐらい本や雑誌を読みますか。
　げつ　　なんさつ　　　　ほん　　ざっし　よ

- **会話**　読書について話す同僚3人の会話
　かいわ　どくしょ　　　　はな　どうりょう　にん

- **自然会話の特徴**　強調表現・誇張表現
　しぜんかいわ　とくちょう　きょうちょうひょうげん　こちょうひょうげん

- **文化ノート**　「本が好きだから本と暮らす」人たち
　ぶんか　　　　ほん　す　　　　　ほん　く

第2課　本が大好き

　出版社の同僚の、柴田さん（40代）、川上さん（40代）、清水さん（20代）の3人はそろって本が大好きです。きょうも、休憩時間にはそれぞれの読書の話で盛り上がります。

Ⅰ．立ち読みで1冊読んでしまう　🔊CD 4

① 柴田：ほんとに[1]速読する人はねえ、岩波新書はね、2時間で読まなきゃ[2]いけないんだよね。だいたい、1分に2ページ、読むとゆうのが。

② 川上：だけど、前、ぼく、立ち読みだけで何回か、会社の帰りに、本屋さんによって、1時間ぐらいずつ、立ち読みして。

③ 清水：岩波新書、立ち読みしたんですか？

④ 柴田：本屋の、本屋の敵だ＜笑い＞。

⑤ 清水：＜笑いながら＞それは本屋の敵だ。

⑥ 川上：ちがうよ、1時間ぐらい読めるもん[3]、だったら、それで読んでこれちゃう[4]よ。

⑦ 柴田：紙切れに「川上」って[5]書いといて[6]さー、「これをだれも動かすな」って＜笑い＞。そうゆうのいつも10枚ぐらい持ってて[7]さー、いろんな本屋で入れてきちゃう。

⑧ 川上：いや、だけど、立ち読みで読んだのがけっこうあるよ。あの、単行本なんかで。そっち[8]のほうが頭はいんだ[9]よね。

⑨ 清水：うんうんうん。

⑩ 柴田：そりゃ[10]そうですね。緊張してる[11]から。

⑪ 川上：半分ぐらいまで、半分まで読んでさー、で、また別の書店に行ってさー、立ち読みする。

⑫ 清水：ああ、なるほど。

⑬ 川上：で、最近なんか、体力のほうが続かない。ずーっと[12]立ってんのが[13]つらくなった＜笑い：清水・柴田＞。

II. 寝食を忘れて冒険小説を読む　🔊CD 6

① 清水：あたし、きのう船戸与一読んでて [14]、なんか気分がそのまんま [15] に
　　　　　なってて。

② 柴田：冒険活劇路線。おもしろいんだって、すごく。

③ 清水：けっこう、あたしはー、あの手のやつ、弱いですね。

④ 柴田：こんな厚くて、けっこうすごい、あのー、マッチョな戦いの場面が
　　　　　続く。

⑤ 清水：ああ、どんどん死んでくんです [16] よ。で、その＜笑いながら＞そん
　　　　　なのがおもしろいとかじゃなくて、そんで [17]、敵が来たときにー、
　　　　　なんか草の音がやんだとか、風、風向きがかわったとか、そこらへん
　　　　　の描写がなかなか。

⑥ 柴田：現代だけど、わりと古めかしい、なんか、秘境みたいなところで。

⑦ 清水：冒、冒険小説。

⑧ 川上：マンガ？

⑨ 清水：いや、小説ですよ。それも、最近出したやつがわたしは好きなんです。

⑩ 柴田：あれはけっこうはまりやすいとゆう、ね。

⑪ 清水：そう、はまりやすいんですよー。読み始めは、なんか、慣れるまで
　　　　　に時間がかかんですけどー [18]、慣れるとすぐさっさっさっさっさっ
　　　　　と。

⑫ 柴田：やめられないみたいな。

⑬ 清水：ほんとになんかもう食事そっちのけー、てゆう感じになって。

⑭ 柴田：寝食を忘れてしまうの？

⑮ 川上：ああ、なるほど、なるほど。

船戸与一（1944-2015）早稲田大学出身。出版社で働いた後、作家に。1979年『非合法員』（講談社）で、冒険
小説家としてデビュー。

1　ほんとに←ほんとうに	10　そりゃ←それは
2　読まなきゃ←読まなければ	11　緊張してる←緊張している
3　読めるもん←読めるもの	12　ずーっと←ずっと
4　読んでこれちゃう←読んでこれてしまう←読んで	13　立ってのが←立っているのが
こられてしまう	11　読んでて←読んでいて
5　「川上」って←「川上」と	15　まんま←まま
6　書いといて←書いておいて	16　死んでくんです←死んでいくんです
7　持ってて←持っていて	17　そんで←それで
8　そっち←そちら	18　かかんですけどー←かかるんですけどー
9　頭はいんだ←頭にはいるのだ←頭にはいるんだ	

11

語彙リスト

	日本語	英語	韓国語	中国語
1	出版社（しゅっぱんしゃ）	publisher	출판사	出版社
2	同僚（どうりょう）	coworker	동료	同事
3	柴田（人名）（しばた じんめい）	Shibata (surname)	시바타 (인명)	柴田（姓氏）
4	川上（人名）（かわかみ じんめい）	Kawakami (surname)	가와카미 (인명)	川上（姓氏）
5	清水（人名）（しみず じんめい）	Shimizu (surname)	시미즈 (인명)	清水（姓氏）
6	そろう	together, all (of them)	모두, 같이	都
7	休憩時間（きゅうけい じかん）	break time	휴식시간	休息时间
8	読書（どくしょ）	reading	독서	看书
9	盛り上がる（もりあがる）	get excited	여념이 없다 （"솟아 오르다", "높아지다"는 의미에서 어떤 것으로 인해 분위기가 최고조에 달한 상태를 뜻함）	（谈得）兴起
10	速読する（そくどくする）	speed-read	속독하다	快速阅读
11	岩波新書（いわなみしんしょ）	Iwanami Shinsho (imprint of Iwanami Shoten publishing small B6-sized paperbacks of around 200 pages)	이와나미 신서 （출판사 "이와나미서점"에서 시리즈로 출판하는 B6판 200쪽 전후의 소형책.）	岩波新书（岩波书店面向大众出版的丛书，B6大小，通常200页左右）
12	立ち読み（たちよみ）	reading in the store (without buying) (lit. 'standing and reading')	서서 읽다 （서점에서 책을 사지않고）	站着看书
13	本屋（ほんや）	bookstore	책방, 서점	书店
14	よる	drop by	들르다	顺路经过
15	敵（てき）	enemy	적 （강적, 사회의 적 등）	敌人
16	紙切れ（かみきれ）	scrap of paper	종잇조각	纸片
17	単行本（たんこうぼん）	lit. 'standalone book,' usually used to refer to newly published books as opposed to smaller paperback reprints known as bunkobon	단행본	单行本
18	はいんだ（=はいるんだ）（2課）	go in	들어가다	进入
19	そっち	that (one, way, etc.)	그쪽, 그편	那个
20	緊張する（きんちょうする）	be nervous	긴장하다	紧张
21	半分（はんぶん）	half(way)	반, 절반	一半
22	別（べつ）	other, different (one, etc.)	다른	其它
23	書店（しょてん）	bookstore	서점	书店
24	なるほど	I see	과연, 그렇구나 （상대의 말에 감탄하며 맞장구 치는 말）	原来如此
25	最近（さいきん）	lately, recently	최근, 요새	最近
26	体力（たいりょく）	stamina, energy	체력	体力
27	つらい	tough, draining	힘든	吃不消
28	寝食（しんしょく）	sleeping and eating	침식, 자는 것과 먹는 것	吃饭和睡觉
29	冒険小説（ぼうけんしょうせつ）	adventure novel	모험 소설	冒险小说
30	船戸与一（人名、小説家）（ふなど よいち じんめい しょうせつか）	Funado Yoichi (novelist)	후나도 요이치 (인명, 소설가)	船户与一（人名、小说家）
31	冒険活劇路線（ぼうけんかつげきろせん）	action/adventure style (lit. '(on the) action/adventure (railway) line')	모험 액션 노선 / 쪽	冒险剧路线
32	あの手の（て）	that kind of	그런 류의	那一类
33	やつ	thing	것, 물건 （"녀석" 등 사람을 가리키는 경우도 있음）	（此处特指）作品
34	弱い（＝苦手の意味）（よわい）	not good with (something)	별로인, 약한	受不了
35	マッチョな	macho	마초 (macho) 적인	生猛的
36	どんどん	one after another, more and more	계속 （어떤 일이 잇따르는 모양）	接二连三地
37	草の音（くさ の おと）	sound of the grass (rustling)	풀 바람 소리	草的声音
38	風向き（かざむき）	wind direction	풍향, 바람의 방향	风向
39	そこらへん	that way, around there	그런 쪽, 그런 것	那些
40	描写（びょうしゃ）	expression, representation	묘사	描写
41	なかなか	pretty, fairly, rather	상당히, 꽤	不错
42	現代（げんだい）	present day	현대	现代
43	わりと	rather, fairly	비교적	（相对来说）还算
44	古めかしい（ふる）	old-fashioned	예스럽다	老式的
45	秘境（ひきょう）	unexplored regions	비경, 신비스러운 장소	秘境
46	はまりやすい	addictive, easy to get absorbed in	중독성이 있는	容易沉迷
47	慣れる（なれる）	get used to	익숙해지다	进入状态
48	さっさと（さっさとめくる）	quickly, rapidly (onomatopoeia for pages turning)	휙휙 （책장을 넘기다）	一页页地（翻书的样子）
49	そっちのけ	neglect, ignore (lit. 'push over there')	뒷전	一边儿去
50	早稲田大学（わせだだいがく）	Waseda University	와세다 대학교	早稻田大学
51	出身（しゅっしん）	place of birth or origin	출신	毕业
52	作家（さっか）	writer, author	작가	作家
53	『非合法員』（小説のタイトル）（ひごうほういん）	Illegal Operative (novel title)	"비합법원" （소설 제목）	《非合法员》（小说标题）
54	講談社（出版社名）（こうだんしゃ しゅっぱんしゃめい）	Kōdansha (publisher)	고단샤 （출판사명）	讲谈社（出版社名）
55	～家（か）	someone who does ～ (in a professional or accomplished way)	～ 가	～家
56	～として	as a ～	～ 로서	作为～
57	デビュー	debut	데뷔 (début) 〔불어〕	出道

表現項目
ひょう げん こう もく

1. 立ち読みは本屋の敵だ。

   ・タバコは健康の敵だ。
   　　　　　けん こう

   ・おいしいケーキはダイエットの敵だ。

2. これをだれも動かすな。
   　　　　　　 うご

   ・この部屋に入るな。
   　　 へ や

   ・タバコは吸うな。
   　　　　　す

3. 立ち読みで読んだのがけっこうある。

   ・日曜日でも、することがけっこうある。
   　にち よう び

   ・駅はすぐ近くだと聞いたが、歩いてみるとけっこうある。
   　えき　　　ちか　　　　　　　　　　ある

4. おもしろいんだって。

   ・北海道は今年は特に寒いんだって。
   　ほっ かい どう　こ とし　とく　さむ

   ・あの店のすしは、安くておいしいんだって。
   　　　みせ　　　　　 やす

5. そこらへんの描写がなかなか。
   　　　　　　　 びょう しゃ

   ・そこらへんの色のつけ方がなかなかむずかしい。
   　　　　　　　 いろ

   ・そこらへんの言い回しがなかなか微妙だ。
   　　　　　　　 い　 まわ　　　　　　　　 び みょう

6. わりと古めかしい。

   ・きのうに比べると、きょうはわりと暖かい。
   　　　　　 くら　　　　　　　　　　　　あたた

   ・マリーはテニスがわりとうまい。

7. 小説ですよ。それも、最近出したやつがわたしは好きなんです

   ・キムは歌手と同じくらい歌がうまい。それもオペラ歌手と同じくらいだ。
   　　　 か しゅ　おな　　　　　うた　　　　　　　　　　　　 か しゅ　おな

   ・あすは台風が来るそうだ。それも、超大型のすごい台風だそうだ。
   　　　　 たい ふう　　　　　　　　　　　　　 ちょう おお がた　　　　　　たい ふう

8. 慣れるとすぐさっさっさっさっさっと。

   ・掃除は、簡単にさっさとすませる。
   　そう じ　　 かん たん

   ・落ち葉をほうきで、さっさっさっとはく。
   　お　 ば

自然会話の特徴
しぜんかいわ とくちょう

強調表現・誇張表現
きょうちょうひょうげん こちょうひょうげん

　友だちや家族と話しているとき、その場を楽しく盛り上げたり、相手の興
とも かぞく ば たの あいて きょう
味を引きつけたりするために、普通では言わないような強いことばを使った
み ひ ふつう い つよ つか
り、オーバーな言い方をすることがあります。これを強調表現・誇張表現と
い かた
言います。「本屋の敵」のように、本当の「敵」ではないのに、「それに似た
ほんとう に
悪いやつ」という意味で大げさに「敵」ということばを使ったり、「完璧に」
わる いみ かんぺき
「絶対」のような強いことばを使って表現します。
ぜったい ひょうげん

　２課で、川上さんが立ち読みして本を１冊読んでしまうと言ったのに対し
たい
て、出版社で働いている柴田さんは「本屋の、本屋の敵だ」と叫びます。同
はたら さけ
僚の清水さんも「それは本屋の敵だ」と続けます。「敵」の本当の意味は、
つづ み
戦争で殺し合うようないちばん悪い関係の相手ということです。ここでは、
せんそう ころ あ かんけい あいて
本当の敵ではありませんが、そういう強いことばで相手を名づけて、互いに
な たが
楽しんでいます。親しい人どうしの会話だから使える表現です。
した

　11課では後輩が「天才的にうまいですねえ。」と言い、９課で上田さんが
こうはい てんさいてき
「おれは40ぐらいんなっても、あくまでもTシャツに生きる。」と言い切っ
い き
ています。「天才的にうまい」も「Tシャツに生きる」も大げさな言い方で
す。こういう大げさな表現をしながら、自分自身も楽しみ、相手も引きつけ
じぶんじしん
ようとしています。

　次は強いことばを使った強調表現です。このテキストでは「絶対」「全然」
つぎ ぜったい ぜんぜん
「完璧に」「すっごい」「めっちゃ」が使われています。（「めっちゃ」は６課
かんぺき
の若者ことばをみてください）。「絶対」は、本来の意味はほかに比べるもの
わかもの ほんらい くら
がない、というものですが、「絶対言わされてんだよ」（7課）「絶対クビに
なるわ」（7課）ではそれほど強い意味として使われているわけではありま
せん。強いことばを使って楽しんでいます。「全然」も強いことばです。「全
ぜん
然、価格、違いますよ」（9課）では「全然」を使って「違う」ことを強調
ぜん かかく ちが

し、「全然知らないんです」（11課）では「知らない」ことを、非常に強く
言っています。

　「あ、もう完璧にそこ1本に絞る感じなんだ。」（6課）の「完璧」も強い
ことばです。本来は円の形で傷のない玉の意味ですが、「完璧に」という形
で使うときはそれほど完全な物やことについてでなくても、「まったく」「完
全に」の意味で使います。

　「友だちのよっちゃんなんかがすっごい寂しがってる」（8課）のような
「すごい」「すっごい」もよく使われます。会話のことばは、その場の雰囲気
で話者の気持ちがわかりますので、大げさに言ったり、時には大げさのあま
り本当でないことも話し合われているのです。

話し合おう

1. 立ち読みをしたことがありますか。そのときの経験を話しましょう。
2. 紙の本が好きな人と、電子本が好きな人にわかれて討論してみましょう。
3. 寝食を忘れて本を読んだことがありますか。どんな本でしたか。
4. 会話をおもしろくするための、大げさな表現を考えてみましょう。

文化ノート　「本が好きだから、本と暮らす」人たち

　インターネットで何でも調べられる、スマホがあればゲームもできるしアニメも見られる——そういう世の中になって、本を読んで知識を得たり、退屈だから本を読むということもなくなりました。そのためでしょう、1日の読書時間は「0分」という大学生が約50％もいるそうです。大学生協の連合会が、全国30の大学の10155人の学生に尋ねた調査の結果です。1日の読書時間の平均は24.4分で、前の年より4.4分減っています。その一方でスマホの1日当たり平均利用時間は161.5分で、前の年より5.6分増えたそうです[1]。
　大学生が本を読まなくなれば、本屋も商売できません。アルメディアの調べでは、2000年に21654店あった書店数は2016年には13041店になって約

40% 減ったそうです[2]。本好きの柴田さんや川上さんたちが知ったら、どんなに嘆くことでしょう。

　寝食を忘れて本を読む人はいなくなってしまったのでしょうか。

　いいえ、本の好きな人は、今でもいっぱいいます。小さな本屋さんも頑張っています。いくつかの新聞記事を紹介しましょう。

　山口県長門市で、牛小屋だった小屋を建て替えて本屋とカフェを開いた女性がいます。栃木県益子町の古民家に、「懐かしい昭和の本」の古本屋を開いた女性もいます。街中に捨てられた古本が雨にぬれているのを見て気になっていた女性は、滋賀県彦根市に古本屋を開きました。3人とも、「本が好きだから、本と暮らす」と言っています[3]。1933 年に創業して多くの文化人が集まった山形市の書店が、2007 年に閉店しました。それを2人のデザイン専攻の大学生が、クラウドファンディングのお金で改修しました。「本好きな人たちの交流センターにしたい」と夢を語っています[4]。青森県八戸市では、2016 年 12 月、町の中心部に市営の「八戸ブックセンター」が開業しました。店内には作家のように執筆もできる個室もあります。「ベストセラーではないが、質の良い本」をそろえていて、開業後半年で来館者は 10 万人を超えました[5]。

[1] http://www.univcoop.or.jp/press/life/report.html　2018 年 3 月 5 日閲読
[2] 『朝日新聞』2017 年 4 月 2 日東京本社版 12 面「速水健朗の出版時評」
[3] 『朝日新聞』2017 年 3 月 7 日東京本社版 26 面「市営書店多彩な仕掛け」
[4] 『毎日新聞』2017 年 4 月 8 日夕刊東京本社版 7 面「老舗書店　若さで復活」
[5] 『毎日新聞』2017 年 6 月 21 日夕刊東京本社版 11 面「憂楽帳　本のまち」

第3課

美容院にて
びよういん

どんなときに、ヘアスタイルを変えたいと思いますか。
か　　　　　おも

もしヘアスタイルを変えるとしたら、どんなスタイルにしたいですか。

■ **会話**　ヘアスタイルについて話す美容師と客の会話
かいわ　　　　　　　　　　びようし　きゃく

■ **自然会話の特徴**　擬音語・擬態語／客への提案・助言のしかた
しぜんかいわ　とくちょう　ぎおんご　ぎたいご　　　ていあん　じょげん

■ **会話スクリプト**

第3課　美容院にて

美容院で客と美容師が話しています。Iでは、客（30代）が美容師（20代）にヘアスタイルの相談をし、IIでは、美容師（30代）が客（20代）にシャンプーをしています。

I. ヘアスタイルの相談　　　🔊 CD 8

① 美容師：上からボリュームもほしくないですかね？

② 客　　：あ、でもー…。

③ 美容師：上からパーマをかけたほうが、こう、ボリューム感とかは出ますね。

④ 客　　：うーん。

⑤ 美容師：全体的にこうボリュームがある感じのほうがよければー、上からのほうがいいですしー、このような、ストレートっぽいふいんき[1]のままいってー、ここんとこ[2]なんかは、上かけないでー、ウェーブだけとか。

⑥ 客　　：そうですね。

⑦ 美容師：はーい。まあ、でも、けっこう毛量がしっかりあるかなって[3]気がするのでー、あんまり[4]上からかけると、多分ちょっと広がってしまう。

⑧ 客　　：そうですよね。でも、ペターって[5]なっちゃって[6]くっついちゃうんです[7]よ。

⑨ 美容師：あ、うーん、でも、そうです。ペタッとはなりやすい毛質かもしれないですね。あとはー、重さがありすぎても、かえってペタッとなるっていう[8]。長い髪って[9]こう、グッとやっぱり[10]下に引っ張られたりとかするので、なので、ちょっとこう、パーマをかけた後もフワッとさせるんだったらー、むしろもうちょっと減らしてもいいかもしれないですね。

⑩ 客　　：うん、なるほど。

18

II. シャンプーをしながら

① 美容師：お湯加減（ゆかげん）はいいですか？

② 客　　：はーい。傷（いた）んでますか 11 ？

③ 美容師：そーうですねえ、染（そ）めてる 12 からねえ。

④ 客　　：うーん、そうですか。

⑤ 美容師：トリートメントとかしてます？ 自分（じぶん）で。

⑥ 客　　：してますー。

⑦ 美容師：でもー、ねえ、切（き）んなくちゃ 13 直（なお）んない 14 よねえ、これだけ傷（いた）んでるとねえ。

⑧ 客　　：＜笑（わら）いながら＞直（なお）んないですか？

⑨ 美容師：やっぱりまめに切ればねえ、傷んでるとこ 15 もどんどん取（と）れるんだろうけどねえ、なんか、髪（かみ）の色（いろ）、明（あか）るくしすぎじゃない？

⑩ 客　　：＜笑いながら＞そんなに傷んでますか？

⑪ 美容師：うーん、そこまで言（い）われるとねえ、そんなでもないけどさーく笑い・2人（にん）＞。でも、傷んでんの 16 気（き）にするんだったら、バッサリとカットするのが、ねえ、いちばんいいと思（おも）うし。まあ、トリートメントなんかも大事（だいじ）ですけどねえ。

1　ふいんき←雰囲気（ふんいき）
2　ここんとこ←ここのところ
3　あるかなって←あるかなという
4　あんまり←あまり
5　ペターって←ペタッと
6　なっちゃって←なってしまって
7　くっついちゃうんです←くっついてしまうんです
8　なるっていう←なるという

9　長い髪って←長い髪は←長い髪というのは
10　やっぱり←やはり
11　傷んでますか←傷んでいますか
12　染めてる←染めている
13　切んなくちゃ←切らなくては
14　直んない←直らない
15　とこ←ところ
16　傷んでんの←傷んでるの←傷んでいるの

📖 語彙リスト（ごい）

	日本語	英語	韓国語	中国語
1	美容院（びよういん）	hair salon	미용실	美容（美发）院
2	客（きゃく）	customer, client	손님	顾客
3	美容師（びようし）	hairdresser	미용사	美发师
4	ヘアスタイル	hairstyle	헤어스타일	发型
5	ボリューム	volume	볼륨	分量
6	パーマをかける	perm (hair), put a perm in	파마하다	烫发
7	ボリューム感（かん）	sense of volume	볼륨 (volume) 감	分量多
8	～感（かん）	feeling of ~	~ 감	~感

	日本語	英語	韓国語	中国語
9	全体的（ぜんたいてき）に	overall	전체적으로	整体上
10	ストレートっぽい	straight	스트레이트 (straight)	直发
11	感（かん）じ	feeling, vibe	느낌	
12	雰囲気（ふんいき）	atmosphere, mood	분위기	氛围
13	ウェーブ	wave	웨이브 (wave)	曲线
14	毛量（もうりょう）	amount of hair	머리숱	发量
15	しっかり（-ある）	definitely, really	충분히 (-있다) (견고함, 똑똑함, 확고함을 나타냄)	充足
16	広（ひろ）がる	spread	퍼지다, 넓어지다	散开

第3課

19

17	ペタっと	flatly	납작하게	塌
18	くっつく	stick (together, to something)	붙다, 눌리다	緊貼
19	毛質（けしつ）	type of hair	모질, 머리카락의 성질	发质
20	重さがある（おも）	have weight	무게가 있다, 무겁다	分量重
21	かえって	actually, on the contrary	오히려, 반대로	反而
22	グッと(-引っ張る)（ひ ば）	firmly	쭉 (- 당기다)	一下子（形容瞬间发力的样子）
23	引っ張る（ひ ぱ）	pull	당기다, 잡아당기다	拉扯
24	なので	so, therefore	그래서, 그러니까	所以
25	フワッと	fluffy	풍성하게	蓬松
26	むしろ	actually, on the contrary	차라리, 오히려	倒不如

27	なるほど	I see	과연, 그렇구나	原来如此
28	お湯加減（ゆ かげん）	(hot) water temperature	물 온도	水温
29	傷む（いた）	to be damaged	상하다	受损
30	染める（そ）	dye	염색하다	染
31	トリートメント	treatment (for hair)	트리트먼트 (treatment)	护发素
32	まめに	diligently, regularly	바지런히, 자주	勤
33	どんどん	more and more, progressively	쑥쑥 (계속되는 모양)	形容进展顺利的样子
34	明るい(髪の色が-)（あか かみ いろ）	light, cheerful	밝은 (머리 색이 -)	明亮
35	バッサリと	with a chopping motion, drastically (バッサリと切る = 'chop it all off')	휙, 싹둑	干脆利落地
36	カットする	cut (hair)	커트 (cut) 하다	剪

表現項目
ひょうげんこうもく

1. 重さがありすぎても、かえってペタッとなる。

・あまり話しかけても、かえって客に嫌がられると思う。

・都心は道がこむから、タクシーだとかえって時間がかかるかもしれないよ。

2. むしろもうちょっと減らしてもいいかもしれない。

・相手が外国人だからといってすぐに英語を使おうと思わなくてもだいじょうぶ。むしろ、わかりやすいやさしい日本語で話したほうがいい。

・テストの前の日は、遅くまで勉強するより、むしろ早めに寝て頭をすっきりさせたほうがいいと思いますよ。

3. やっぱりまめに切ればねえ。

・兄はきれい好きで、自分の部屋をまめに掃除している。

・妹はいま日本に留学中だが、まめに連絡してくる。

4. 髪の色、明るくしすぎじゃない？

・ビール、4杯目でしょ。飲みすぎじゃない？

・広いし、日当たりもいいし、いい部屋じゃない？

自然会話の特徴
しぜんかいわ　とくちょう

擬音語・擬態語
ぎ おん ご　ぎ たい ご

　本文では、髪の毛の質や切り方を説明するのに、いろいろな「擬音語・擬態語」を使っています。あなたの髪はどんな髪ですか。

1）髪の毛の質や髪型について説明する
　　　客　　　：<u>ペターって</u>なっちゃってくっついちゃうんですよ。
　　　美容師：<u>ペタッと</u>はなりやすい毛質かもしれないですね。…パーマをかけた後も<u>フワッと</u>させるんだったらー、むしろもうちょっと減らしてもいいかもしれないですね。

　　　サラッとした髪、サラサラな髪、（髪の毛が）サラサラする
　　　パサッとした髪、パサパサな髪、（髪の毛が）パサパサする
　　　ゴワッとした髪、ゴワゴワな髪、（髪の毛が）ゴワゴワする
　　　フワッとした髪型、ふんわりボリュームアップ
　　　すとんとしたストレートヘア

2）どのように切るか説明する
　　　美容師：うーん、そこまで言われるとねえ、そんなでもないけどさー＜笑い・2人＞。でも、傷んでんの気にするんだったら、<u>バッサリと</u>カットするのが、ねえ、いちばんいいと思うし。

　　話しことばでは、「どのように」を擬音語・擬態語で説明することがよくあります。
　　　髪の毛を<u>バッサリと</u>切った。
　　　1輪だけ<u>ポコッと</u>咲いた。（1課）
　　　りん　　　　　　さ

月曜日過ぎたら、花がバーッと（咲いた）。（1課）

（うでを）ちゃんと伸ばす。（5課）

客への提案・助言のしかた

2人の美容師は、下の文のように「〜ですかね」「〜ますね」「〜かもしれないですね」など、いろいろな表現を使って、客に提案や助言をしています。「〜するといいですよ」「〜したほうがいいですよ」と、はっきり言うことは避けているようです。

それはどうしてでしょう。

美容師：上からボリュームもほしくないですかね。

美容師：上からパーマをかけたほうが、こう、ボリューム感とかは出ますね。

美容師：全体的にこうボリュームがある感じのほうがよければー、上からのほうがいいですしー、…

美容師：…フワッとさせるんだったらー、むしろもうちょっと減らしてもいいかもしれないですね。

美容師：…でも、傷んでんの気にするんだったら、バッサリとカットするのが、ねえ、いちばんいいと思うし。まあ、トリートメントなんかも大事ですけどねえ。

話し合おう

1. あなたが美容院を選ぶポイントはなんですか（店の雰囲気、技術、接客、料金、その他）。

2. プライベートな話もする「行きつけ」の店がありますか。

3. あなたは髪を切ってもらっている間、美容師さんとよく話をするほうですか、しないほうですか。それはなぜですか。

4. となりの人に、あなたの髪の毛の質や子どものときの髪型について説明

してみましょう。

会話（かいわ） スクリプト

I. ヘアスタイルの相談

① 美容師：上からボリュームもほしくないですかね？

② 客　　：あ、でもー…。

③ 美容師：<沈黙2秒>上からパーマをかけたほうが↑、こう、ボリューム感とかは出ますね。

④ 客　　：うーん。

⑤ 美容師：全体的にこうボリュームがある感じのほうがよければー↑、上からのほうがいいですしー、このような、ストレートっぽいふいんきのままいってー↑、<少し間>ここんとこなんかは、上かけないでー↑ ¦うーん［客］¦、ウェーブだけとか。

⑥ 客　　：そうですね＝。

⑦ 美容師：＝はーい。<少し間>まあ、でも、けっこう毛量がしっかりあるかなって気がするのでー、あんまり上からかけると ¦うーん［客］¦ 多分ちょっと広がって★しまう。

⑧ 客　　：→そう←ですよね。<少し間>でも、ペターってなっちゃって★くっついちゃうんですよ。

⑨ 美容師：→あ、うーん←、でも、そうです。ペタッとはなりやすい毛質かもしれないですね。あとはー、重さがありすぎても、かえってペタッとなるっていう。長い ¦うんうんうんうん［客］¦ 髪ってこう、グッとやっぱり下に引っ張られたりとか ¦うんうんうん［客］¦ するので、なので、ちょっとこう、パーマをかけた後もフワッとさせるんだったらー↑、むしろもうちょっと減らしてもいいかもしれない★ですね。

⑩ 客　　：→うん←、なるほど。

II. シャンプーをしながら

① 美容師：お湯加減はいいですか↑？

② 客　　：はーい。<沈黙2秒>傷んでますかー↑？

③ 美容師：そーうですねえ、染めてるからねー↑。

④ 客　　：＝<笑いを含みながら>うーん、そうですかー。

⑤ 美容師：トリートメントとかしてます↑？、自分で。

⑥ 客　　：してますー。

⑦ 美容師：でもー、ねえ、切んなくちゃ直んないよね↑、これだけ傷ん
　　　　　　でるとねー。

⑧ 客　　：<笑いながら>直んないですか？

⑨ 美容師：やっぱりまめに切ればねえ↑、傷んでるとこもどんどん取れ
　　　　　　るんだろうけどねえ↑、[息を吸いこむ]なんか、髪の色、明
　　　　　　るくしすぎじゃない↑？

⑩ 客　　：＝<笑いながら>えっ、そんなに傷んでますか↑？＝

⑪ 美容師：＝うーん、そこまで言われるとねえ↑[息を吸う]、そんなで
　　　　　　もないけどさー<笑い・2人>。でも、傷んでんの気にする
　　　　　　んだったらー、ま、バッサリとカットするのがー↑[息を吸
　　　　　　いこむ]、ねえ↑、いちばんいいと思うしー。まあ、トリート
　　　　　　メントなんかも大事ですけどねえ↑。

<記号について>

・★	：次の話し手の発話が始まった場所をあらわす。
・→　←	：前の話し手の発話に重なった場所をあらわす。始まりは「→」、終わりは「←」。
・｜　｜	：発話途中の聞き手の短いあいづちをあらわす。｜　｜の中の［　］は、あいづちを打った話し手の名前。
・＝　＝	：発話と発話のあいだに沈黙（間）がないことをあらわす。
・［　　］	：音声上の特徴や必要と思われる補足説明。
・↑	：イントネーションがあがっていることをあらわす。
・<笑い>	：笑っていることをあらわす。
・<沈黙○秒>	：沈黙が○秒あることをあらわす。
・<少し間>	：2秒未満の間をあらわす。

第**4**課

パワフルなお母さん
かあ

パワフルな人とはどんな人だと思いますか。
ひと　　　　　　　　　　　　　　　　おも
あなたの知っているパワフルな人を紹介してください。
し　　　　　　　　　　　　　　　しょうかい

■ **会話**　昔の思い出や家族について話す幼なじみとの会話
かいわ　むかし　おも　で　かぞく　　　　　　　おさな

■ **自然会話の特徴**　「繰り返し」による強調と会話の同調
しぜんかいわ　とくちょう　　く　かえ　　　　　きょうちょう　かいわ　どうちょう

■ **文化ノート**　ジェンダーについて考える
ぶんか

第4課　パワフルなお母さん

あゆみさんとかずとさんは幼なじみの30代です。久しぶりに会った2人は、あゆみさんの元気なお母さんについて話しています。

CD 12

① あゆみ：うちの母親も今、働いててさ[1]。家で働いてんの[2]。

② かずと：家で？

③ あゆみ：うん、会社を作ったのね。介護、介護保険の関係。

④ かずと：ああ、ああ、ああ、ああ。すごいね。

⑤ あゆみ：すごいよ。チョーパワフル＜笑い・2人＞。だってさー、朝5時ぐらいに起きてね、朝6時半ぐらいには、もうトンカツ作ってんだー[3]＜笑い＞。

⑥ かずと：あ、そうなんだ＜笑い＞。

⑦ あゆみ：それで8時半から仕事始めてさー、それまでに洗濯とか全部終えてね。

⑧ かずと：え？　家ん中[4]でやってるの？[5]

⑨ あゆみ：そう。

⑩ かずと：介護施設、家を、施設？

⑪ あゆみ：施設じゃない、施設じゃない。なんていうの、介護ケアプランを作るんだけど。

⑫ かずと：ああ、ああ、ああ、ああ。

⑬ あゆみ：会社を作って、で、ひとり人を雇って、うちに今、毎朝人が来るんだけど。

⑭ かずと：うん。

⑮ あゆみ：うん、すごいなあと思って。朝、7時に＜笑いながら＞トンカツができてる。

⑯ かずと：ねえ、トンカツ。

⑰ あゆみ：ほんと[6]、うちのお母さん、パワフルです。昔っから[7]そうだったけど。

⑱ かずと：そんなだったっけ？

⑲　あゆみ：そうだよ。

⑳　かずと：いや、全然、なんか、顔がね、出てこないんだよ。

㉑　あゆみ：そうでしょ。で、さっきね、駅まで送ってくれたんだけど、「きょうだれと会うの」って **8** 言うから、かずくんと会うよって。

㉒　かずと：うん。

㉓　あゆみ：お母さん、「今でも覚えてるわ」って＜笑い・2人＞。何を覚えてるかってゆうと、なんか、「あゆみは女じゃねえ **9**」ってゆったってこと **10**。

㉔　かずと：言ってませーん **11**。アハハハハ。

㉕　あゆみ：それを、ほら、もう、とにかく繰り返すわけ。かずくんっていえばそうだよねって。なんか、ちがうんだよ。かずくんのお母さんが、なんかゆったらしいんだよ、よくわかんないんだけど **12**。

㉖　かずと：おれの母さんが＜笑い＞。

㉗　あゆみ：かずくんのお母さんが、なんか、「あんた女の子とは遊ばないとか言ってたのに、なんか」。

㉘　かずと：「あゆちゃんと遊んでんじゃーん **13**」みたいなこと？

㉙　あゆみ：「あゆちゃんと遊んでんじゃん」みたいなこと言ったときにー、なんか、とっさにゆったらしいんだよね。「あゆみは女じゃねえ」ってゆったらしい。で、お母さんに印象的だったらしくって **14**、うちの娘は女じゃないんだみたいな＜笑い・2人＞。

㉚　かずと：ああー。ハハッハッハッ。根に持ってるんじゃない？

㉛　あゆみ：アハハハハ、いやいや、うれしかったんじゃない？ 女の子女の子した女の子に育てたくなかったらしいから。

㉜　かずと：ああ、合わせる顔がないねえ＜笑い＞。

㉝　あゆみ：フフ、うれしかったの、とにかく覚えてるから＜笑い・2人＞。

1　働いてててさ←働いていてさ
2　働いてんの←働いているの
3　作ってんだー←作っているんだ←作っているのだ
4　家ん中←家の中
5　やってるの？←やっているの？
6　ほんと←ほんとう
7　昔っから←昔から
8　「きょうだれと会うの」って←「きょうだれと会うの」と
9　女じゃねえ←女じゃない
10　ゆったってこと←言ったということ
11　言ってませーん←言っていません
12　よくわかんないんだけど←よくわからないのだけど
13　遊んでんじゃーん←遊んでいるじゃないか
14　らしくって←らしくて

語彙リスト
こい

	日本語	英語	韓国語	中国語
1	パワフルな	strong-willed, powerful	파워풀 (powerful)	强大的
2	あゆみ（人名） じんめい	Ayumi (given name)	아유미 (인명)	Ayumi（人名，汉字可写作"歩美"、"歩"等）
3	かずと（人名） じんめい	Kazuto (given name)	가즈토 (인명)	Kazuto（人名，汉字可写作"和人"、"一翔"等）
4	幼なじみ おさな	childhood friend	소꿉친구 , 어릴 적 친구	青梅竹马
5	母親 ははおや	mother	어머니	母亲
6	介護 かいご	nursing care	간호	看护
7	介護保険 かいごほけん	nursing care insurance	간호보험 , 요양보험	看护保险
8	チョー	very, totally	엄청 , 완전 , 짱 (구어)	超
9	トンカツ	breaded pork cutlet	돈가스 (톤 (豚)+ 카츠 (←cutlet); 돼지고기 튀김)	炸猪排
10	チョー	very, totally	엄청 , 완전 , 짱 (구어)	超
11	トンカツ	breaded pork cutlet	돈가스 (톤 (豚)+ 카츠 (←cutlet); 돼지고기 튀김)	炸猪排

	日本語	英語	韓国語	中国語
12	雇う やと	hire	고용하다	雇佣
13	かずくん（かずとの愛称）	Kazu-kun (nickname)	가즈쿤 (인명)	小和（人名，男孩的昵称）
14	とにかく	no matter what, at any rate	어쨌든 , 아무튼 , 하여튼	总之
15	繰り返す く かえ	repeat	되풀이하다 , 반복하다	重复
16	おれ	me (informal first-person pronoun, usually male)	나 (주로 남자가 동년배나 아랫사람에게 씀)	我（男性用第一人称）
17	あんた	you (informal second-person pronoun)	너	你
18	あゆちゃん（あゆみの愛称）	Ayu-chan (nickname)	아유짱 (인명)	小步（人名，女孩的昵称）
19	とっさ	suddenly	순간적으로 , 바로	突然
20	印象的 いんしょうてき	making an impression	인상적	印象深刻
21	根に持つ ね も	hold a grudge	앙심을 품다 , 삐쳐 있다 , 꽁해 있다	怀恨在心
22	合わせる顔が あ かお ない	be unable to face (someone, out of embarrassment, shame, etc.)	면목이 없다 , 대할 낯이 없다	没面子

表現項目
ひょうげんこうもく

1. あ、<u>そうなんだ</u>。

   ・あの人、わたしの友だちなんだよ。／あ、<u>そうなんだ</u>。

   ・去年、富士山に登ったんだよ。／あ、<u>そうなんだ</u>。
   ふじさん

2. <u>なんていうの</u>、介護ケアプランを作るんだけど。

   ・ラインは、<u>なんていうの</u>、SNS の一種ですよね？
   いっしゅ

   ・この味は、<u>なんていうの</u>、ふしぎな味だなあ。
   あじ　　　　　　　　　　　　　　　　あじ

3. <u>顔</u>が<u>出てこない</u>。

   ・名前は聞いたことがあるが、とっさに<u>顔</u>が<u>出てこない</u>。

   ・会ったことがある人だが、<u>名前</u>が<u>出てこない</u>。

4. <u>とにかく</u>繰り返すわけ。

   ・先生に聞いもても辞書を引いても、<u>とにかく</u>意味がわからない。
   じしょ　ひ　　　　　　　　　　　　　　　　　　　　　いみ

   ・あの人は味については、<u>とにかく</u>うるさい。

5. かずくん<u>っていえば</u>、そうだよねって。

・ワイン<u>っていえば</u>、やはりフランス産<u>だ</u>。

・夏の富士山<u>っていえば</u>、満員の人混みですよ。

6. <u>根に持ってる</u>んじゃない？

・あの人は、わたしの言ったことを<u>根に持って</u>、今でも口をきいてくれない。

・ケンカをした後、いつまでも<u>根に持って</u>いるのはよくない。

7. <u>合わせる顔がない</u>

・またまたエラー、チームメイトに<u>合わせる顔がない</u>よ。

・就活に失敗してしまい、学費を出してくれた親に<u>合わせる顔がない</u>。

自然会話の特徴

「繰り返し」による強調と会話の同調

「パワフルなお母さん」の話者2人は、相手や自分のことばを繰り返して強調したり、相手に同調したりして、たがいに共感する雰囲気を作りながら会話を進めています。

あゆみ：うちの母親も今、<u>働いて</u>てさ。<u>家で働いて</u>んの。

かずと：<u>家で</u>？

あゆみ：うん、会社を作ったのね。<u>介護</u>、<u>介護</u>保険の関係。

かずと：<u>ああ</u>、<u>ああ</u>、<u>ああ</u>、<u>ああ</u>。<u>すごい</u>ね。

あゆみ：<u>すごい</u>よ。チョーパワフル。

あゆみは「働いている」「介護」などを繰り返して、相手がしっかり理解できるように強調しています。かずとは「家で？」と相手のことばを繰り返して確認し、また「ああ」というあいづちを繰り返して、驚いたり、ほめたりする気持ちを強調します。あゆみは、かずとのほめことば「すごい」を繰り返すことで、かずとに同調しています。

かずと：え？ <u>家ん中</u>でやってるの？

あゆみ：そう。

かずと：<u>介護施設</u>、<u>家を</u>、<u>施設</u>？

あゆみ：<u>施設じゃない</u>、<u>施設じゃない</u>。なんていうの、介護ケアプランを
　　　　作るんだけど。

　かずとは「家」「施設」などを繰り返して驚きや疑問を強調します。あゆ
みも「施設じゃない」と答えを繰り返して強調し、相手の誤解を解こうとし
ます。

かずと：ああー。ハハッハッハッ。根に持ってる<u>んじゃない</u>？

あゆみ：アハハハハ、いやいや、うれしかった<u>んじゃない</u>？ <u>女の子女の子
　　　　した女の子</u>に育てたくなかったらしいから。

　文の意味内容はちがっても、同じ文末形式「んじゃない？」を繰り返すこ
とで相手に同調し、共感しながら会話を進めています。「女の子女の子した
女の子」というのも、「いかにも女の子らしい女の子」という意味を繰り返
しによって強調したものです。

　以下に他の課に見られる「繰り返し」の例をあげます。話者が自分のこと
ばを繰り返すと強調、他人のことばを繰り返すと同調や共感をあらわします。

店主：あのー、静岡あたりと一緒ぐらいみたいだねえ、東京は。

青木：ねっ。そんだけ<u>あったかいってことだ</u>もんねえ。

店主：<u>あったかいからねえ</u>。でも、ちょっと、気象的には異常だね。（1課）

清水：岩波新書、立ち読みしたんですか？

柴田：<u>本屋の</u>、<u>本屋の敵だ</u>＜笑い＞。

清水：＜笑いながら＞それは<u>本屋の敵だ</u>。（2課）

大城：「わたしはこの歌好きなんですよ」とか言って、絶対言わされてんだよ。

仲村：＜笑いながら＞そう、言わされてる。

大城：「おれ、ミスチル以外聞かないんですよ」っつったらどうすんのみたいな。

仲村：アハ、＜笑いながら＞ミスチル以外聞かない。（7課）

森下：いや、ほんとに何なんすかね、あの差。

上田：なあ、あの差、腹立ってしかたがないわ、おれいっつも。（9課）

後輩：あの人、おもしろいですよね、クマちゃん。ぜんっぜん、ほんと、話聞いてないんですよね。

小川：ハハハハハッ、そうなの？。

後輩：ぜんっぜん聞いてないです。お客さんとの話も全然聞いてないです。（11課）

古井　：え、ゼミ長、コロンブスだっけ？

長谷川：ゼミ長、コロンブス。

古井　：どう？

長谷川：ゼミ長、コロンブスあんま進まない。（13課）

🧩 話し合おう 🧩

1. 日本の介護制度について聞いたことがありますか。

2. あなたの出身地にはどんな介護制度がありますか。

3. あなたの「幼なじみ」はどんな人ですか。「幼なじみ」とどんなことをして遊びましたか。

4. 男の子が「女の子とは遊ばない」ということについてどう思いますか。

5. 「女の子女の子した女の子」とは、どんな女の子だと思いますか。

文化ノート　ジェンダーについて考える

　この課のお母さんの、「女の子女の子した女の子に育てたくなかった」ということばは、自分の娘を世間でいう「女性らしさ」を強調した育て方ではなく、もっと自然に育てたいという気持ちから出ています。女性だから女性らしく、男性だから男性らしく、といったジェンダー規範の考えは少しずつ変化してきていますが、いまだに「はっきり意見を言いすぎて女らしくない」とか「男のくせによく泣く」といった言い方が聞かれます。このジェンダー規範を 100% 取り除くにはまだ時間がかかりそうです。

　一方で、このような「女性」「男性」というジェンダーでは語れない人たちがいます。最近新聞などでよくとりあげられるようになった LGBT（L=Lesbian、G=Gay、B=Bisexual、T=Transgender）と呼ばれる人たちです。LGBT とひとくちで言っても、その人たちの実際の姿は非常に多様です。1 例として T=トランスジェンダーの人たちのことを見てみます。

　この人たちは、生まれた時に与えられた性に違和感を持ち、それとは違う性やジェンダーで生きたいと願っています。日本語にある「女・男」「女性・男性」「女の子・男の子」などのことばのわくに入らない、入れない、入りたくないと考え、押しつけられたジェンダーから逃れたい、それを変えたいと思っています。そのためにホルモン剤を使ったり、性別適合手術[1]をしたりして、自分が望む性やジェンダーに体を変える人もいます。日本では、そのような手術をして、戸籍[2]の性を変えた人が 2017 年時点で約 7000 人います。

　一般的に、「性」は生物的、「ジェンダー」は社会的につくられた性差、と理解されていますが、ジュディス・バトラー[3]は「『性 (sex)』は、自然なもの、文化以前のものと理解すべきではなく、実は『性』は『ジェンダー』が生み出した結果なのだ」と述べています。「性」や「ジェンダー」の考え方もさまざまです。それこそ文化の多様性の反映です。

しかし、会話のお母さんのように、ジェンダーに縛られず、自由になりたいという願いは世界中の人々に共通のものです。LGBT の人たちの、与えられた性から解放されて自分らしく生きたいという願いも同じです。

　私たちは、人間の多様性を受け入れ、いろいろな違った考えを持った人たちに耳を傾けて、互いにわかり合うように努力したいものです。

1　生まれた時の性と自分の考える性と一致しない人の、希望の性に近づける手術。
2　家族の名前・生年月日・関係などを登録する法的な書類。
3　性差は文化的に構築されるもので、生物学的に規定されるものではない、と主張する哲学者。著書に『ジェンダー・トラブル』（竹村和子訳　青土社、2018 新装版）など。

第 5 課

ラジオ体操

あなたの出身地では、夏休みにどんなことをしますか。
夏休みにどんな思い出がありますか。

- ■ **会話**　夏休みの思い出について話す同僚3人の会話
- ■ **自然会話の特徴**　人の呼び方
- ■ **文化ノート**　ラジオ体操の歴史

第5課　ラジオ体操

職場の休憩時間です。同僚の林さん（20代）・水野さん（40代）・北原さん（50代）が夏休みの思い出、ラジオ体操の話をしています。

① 林　：ラジオ体操って、いいですよねえ。

② 北原：ラジオ体操はね。

③ 林　：体が目覚める。

④ 北原：そう。ラジオ体操こそね、あれは昔の人の、やっぱ **1** すごい知恵だよね。

⑤ 水野：うん。

⑥ 北原：ほんとにあれはね、体のねえ、もう全部の部位の所をねえ、すごく気をつかってね、できてる **2** んだってよ。本まで買っちゃったんだもん **3**、ラジオ体操の＜笑い・みんな＞。

⑦ 林　：わたし高校でテストありましたよ。

⑧ 北原：テスト？

⑨ 水野：え、あたしも短大でテストあった。

⑩ 林　：もう、ここの、ちゃんと伸ばすと。

⑪ 水野：そうそうそうそう。

⑫ 林　：これ、ここ、みたいな。

⑬ 水野：そうそうそうそう。

⑭ 北原：そう。止めるとこ **4**、止めるみたいなね。

⑮ 林　：腕の、この向きとか。

⑯ 北原：そう。だから、NHKで6時半からやってんのよ **5**、朝6時半からね。だいたいそれを見ながらやってたんだけど **6**、なんか、姉が、「あんた、そのー、なに？　いろんなー体操っていうか **7**、なんていうんだろう、そのー、体動かすことよりも、ダイエットするんなら **8**、ラジオ体操よ」って **9** 言ってきたの。で、本屋行ったら本があって、CDもあったから、＜笑いながら＞それ買ってやったんだけど、3日間で終わっちゃったよ **10**。駄目じゃん **11**、三日坊主で。

36

⑰　林　　：疲れるしー。

⑱　北原　：どんなに疲れても、6時半に起きてやらなきゃ [12]、ラジオ体操。

⑲　水野　：すごーい [13]。

⑳　林　　：小学生のころは、はんこもらいに通いましたけどねえ。

㉑　水野　：そう、行ってたよ [14]。

㉒　北原　：あった。わたしたちもあった。

㉓　水野　：夏休みとか。

㉔　北原　：今もあるんでしょ？　あれ。

㉕　林　　：あると思いますけどねえ。

㉖　北原　：ねえ、あの、出席カードを首から下げてねえ。

㉗　林　　：そうです。そうです。

㉘　北原　：あれ、通ってねえ。

㉙　水野　：町内の、こう、広場みたいなのねえ。

㉚　林　　：そう、寝ぼけながら、こう＜笑い＞。

㉛　北原　：やってたねえ。男の子が、ほんとに [15]、こう、くるくる坊主で、なんか、こんなランニングの、白のランニングの、なんか短パンはいてねえ。

㉜　林　　：ああ、そうだ、ほんとに、短パンはいて。

㉝　北原　：してたのにねえ。

㉞　水野　：そうだ。そうだ。

㉟　北原　：いい意味でも日本の夏休みなのに。

㊱　水野　：ああ、でも、ほんと夏休みって感じ [16]ですよね。

1　やっぱ←やっぱり←やはり
2　できてる←できている
3　買っちゃったんだもん←買ってしまったのだもの
4　止めるとこ←止めるところ
5　やってんのよ←やっているのよ
6　やってたんだけど←やっていたのだけど
7　体操っていうか←体操というか
8　ダイエットするんなら←ダイエットするのなら

9　「…ラジオ体操よ」って←「…ラジオ体操よ」と
10　終わっちゃったよ←終わってしまったよ
11　駄目じゃん←駄目じゃないか
12　やらなきゃ←やらなければ
13　すごーい←すごい
14　行ってたよ←行っていたよ
15　ほんとに←ほんとうに
16　夏休みって感じ←夏休みという感じ

	日本語	英語	韓国語	中国語
1	ラジオ体操（たいそう）	radio calisthenics	라디오 체조	广播体操
2	職場（しょくば）	workplace	직장, 회사	工作单位
3	休憩時間（きゅうけいじかん）	break time	휴식 시간	休息时间
4	同僚（どうりょう）	coworker	동료	同事
5	林（人名）（はやし（じんめい））	Hayashi (surname)	하야시 (인명)	林（姓氏）
6	水野（人名）（みずの（じんめい））	Mizuno (surname)	미즈노 (인명)	水野（姓氏）
7	北原（人名）（きたはら（じんめい））	Kitahara (surname)	기타하라 (인명)	北原（姓氏）
8	思い出（おもいで）	memory	추억	回忆
9	目覚める（めざめる）	wake up	깨어나다 , 눈뜨다	清醒
10	知恵（ちえ）	wisdom	지혜	智慧
11	部位（ぶい）	part (of the body)	부위	部位
12	短大（＝短期大学）（たんだい（＝たんきだいがく））	junior college	단대 (= 단기대학), 전문대와 비슷한 2, 3 년제 대학교	短期大学
13	向き（むき）	direction	방향	方向

	日本語	英語	韓国語	中国語
14	NHK	Nippon Hōsō Kyōkai (the Japanese Broadcasting Corporation, Japan's national broadcaster)	NHK (Nippon Hoso Kyokai; 일본 방송 협회 , 일본의 공영 방송)	NHK（日本广播协会）
15	あんた	you (informal second-person pronoun)	너	你（第二人称）
16	ダイエットする	go on a weight-loss program, diet	다이어트 (diet)	减肥
17	三日坊主（みっかぼうず）	quitter, person who rapidly loses interest in things (lit. 'three-day monk')	작심삼일 (오래 지속하지 못함 , 또는 그런 사람)	三天打鱼两天晒网
18	小学生（しょうがくせい）	elementary school student	초등학생	小学生
19	はんこ	seal (used instead of signature)	도장 (- 찍다)	敲章
20	町内（ちょうない）	neighborhood	정 (행정구역) 안 , 동네 안	街道里
21	広場（ひろば）	plaza, park	광장	广场
22	寝ぼける（ねぼける）	be still half-asleep (after waking)	잠이 덜 깨다 , 멍해 있다	睡眼惺忪
23	くるくる坊主（ぼうず）（＝くりくり坊主）	close-shaven haircut	까까머리 , 빡빡머리	光头
24	ランニング（＝ランニングシャツ）	running shirts	러닝 (= 러닝 셔츠 (running shirt))	汗衫
25	短パン（たんぱん）（＝短パンツ）	shorts	반바지	短裤

表現項目（ひょうげんこうもく）

1. ラジオ体操<u>って</u>、いいですよねえ。

   ・昔（むかし）の映画（えいが）<u>って</u>おもしろいですよね。
   ・地震（じしん）<u>って</u>こわいですよ。

2. ラジオ体操<u>こそ</u>昔の人のすごい知恵だ。

   ・今年<u>こそ</u>試験（しけん）に合格（ごうかく）したい。
   ・健康（けんこう）<u>こそ</u>、いちばん大切（たいせつ）なものです。

3. <u>ちゃんと</u>伸ばす。

   ・薬（くすり）は決（き）まった時間（じかん）に<u>ちゃんと</u>飲（の）みなさいね。
   ・遊（あそ）んだ後（あと）は、おもちゃを<u>ちゃんと</u>かたづけてね。

4. <u>どんなに</u>疲れ<u>ても</u>、6時半に起きて<u>やらなきゃ</u>。

   ・<u>どんなに</u>眠（ねむ）く<u>ても</u>、宿題（しゅくだい）は<u>やらなきゃ</u>。
   ・<u>どんなに</u>大変（たいへん）<u>でも</u>、<u>がんばらなきゃ</u>。

5. はんこをもらいに通いましたけどねえ。

・出席したというはんこをもらってから、家に帰る。
・お金を渡して、受け取ったというはんこをもらう。

自然会話の特徴

人の呼び方

1. わたし高校でテストありましたよ。（5課）

2. あたしも短大でテストあった。（5課）

3. けっこう、あたしはー、あの手のやつ、弱いですね。（2課）

4. おれは公務員になるよ。（6課）

5. おれ、いちばん行くのは、あれですね、新宿の古着屋ですよね。（9課）

　　自分をあらわすことば（自称詞）は、女性はおもに「わたし」「あたし」ですが、「あたし」のほうが「わたし」より少し気軽な感じがします。男性は親しい人との会話では、おもに「ぼく」「おれ」を使いますが、フォーマルな場面では「わたし」が使われることも多いです。
　　次に相手を指す呼び方の例を拾ってみましょう。

6. 姉が、「あんた、そのー、なに？ いろんなー体操っていうか、なんていうんだろう、そのー、体動かすことよりも、ダイエットするんなら、ラジオ体操よ」って言ってきたの。（5課）

7. 「あんた女の子とは遊ばないとか言ってたのに」（4課）

8. かずくんのお母さんが、なんかゆったらしいんだよ。（4課）

9. 恵美ちゃんが（ホームシックにかかったの？）。（8課）

10. え、ゼミ長、コロンブスだっけ？（13課）

　　話の相手を指すことば（対称詞）の「あなた」「おまえ」「きみ」などは、

会話の中では特に親しい相手に言う場合か、6、7のように、だれかのことばを引用する場合を除いて、ほとんど使われません。目上の人に「あなた」などと呼びかけるのは失礼なこととされます。かわりに、「名字／名前さん」や「名前ちゃん／くん」で呼びかけたり（8、9）、「先生」「先輩」「部長」など、地位名や役職名などを使ったりすることもあります（10）。年上の家族を呼ぶときは、ふつう「お母さん」「ママ」「お姉さん」のように親族呼称を使いますが、自分より年下の家族を「娘さん」「妹ちゃん」などと呼ぶことはできません。

11. うちの母親も今、働いててさ。（4課）
12. ちっちゃいころ、お父さんが、そういう行事が好きな人で、あたしの父親がね。（12課）

　家族や自分に近い人のことを他人に向かって話すときには、「さん／くん」などをつけずに、「母」「姉」「弟」「社長」のように言います。最近は11のように「母」「父」と言わず「（うちの）母親」「（わたしの）父親」のように言うこともあります。また、12のように、親しい相手との気軽な会話では、自分の親を「お母さん」「お父さん」などと「さん」をつけて言う例も見られます。

話し合おう

1. ラジオ体操を知っていますか。したことがありますか。
2. あなたの出身地にはどんな体操がありますか。
3. あなたが行っている健康法がありますか。それはどんなものですか。
4. 次の夏休みにはどんな計画をたてていますか。
5. あなたは何と呼ばれていますか。その呼ばれ方は好きですか。

文化ノート　ラジオ体操の歴史

　「ラジオ体操」はもともとはアメリカで始められたものです。日本では1928年、東京中央放送局（現在のNHK）で、初めて放送されました。逓信省簡易保険局（現在の株式会社かんぽ生命保険）が保険をかける人の健康を守り、保険の仕事を安定させるために考えだしたものだそうです。

　1930年には、東京・神田で初めて夏休み中の「ラジオ体操会」が行われました。各地にラジオ体操の「同好会」が生まれ、夏休みの早朝に集まってラジオ体操をすることが全国に広まりました。

　戦争中は「国民心身鍛錬運動」としてさらに盛んに行われたため、戦後、日本を占領したアメリカのGHQによって「ラジオ体操」は禁止されました。

　1946年に「新ラジオ体操」が制定されて放送が始まりましたが、この体操はやや難かしかったためあまり普及せず、放送も1年ほどで中止されました。1951年になって、現在のラジオ体操が再スタートしました。老若男女を問わずだれでもでき、体全体をバランスよく動かすことができる「ラジオ体操第一」と、筋力を強化し、体をきたえることにポイントを置いた「ラジオ体操第二」です。独特の伴奏や、「ラジオ体操の歌」などとともに、全国で親しまれるようになり、現在まで続いています。

　1953年からは全国ラジオ体操連盟・かんぽ生命保険・NHKが共催する「夏期巡回ラジオ体操会」が各地で行われ、その後「1000万人ラジオ体操祭」や、ブラジルなど、海外での「ラジオ体操会」なども行われるようになりました。最近は、来日した外国人旅行者が、地域のラジオ体操会に参加するというイベントが行われることもあるそうです。ラジオ体操愛好者の範囲は、今や世界に広まってきたようです。

かんぽ生命 HP http://www.jp-life.japanpost.jp/aboutus/csr/radio/abt_csr_rdo_history.html
全国ラジオ体操連盟 HP http://www.rajio-taiso.jp/taisou/ayumi.html
『朝日新聞』2017年4月17日東京本社版29面「グッドモーニング柴又」

第5課

第6課

就活
しゅう かつ

仕事や職業にどんなイメージを持っていますか。
し ごと しょくぎょう も

あなたは、どんな仕事をしたいですか。

■ **会話**　就職活動について話す大学生2人の会話
かい わ　しゅうしょくかつどう　だいがくせい ふたり

■ **自然会話の特徴**　若者ことば
し ぜんかい わ　とくちょう　わかもの

■ **文化ノート**　大学生の就職活動
ぶん か

第6課　就活
だい　か　　　　しゅうかつ

大学生の中田さんと村木さんが、自分たちの就職について話し合っています。中
だいがくせい　なか た　　むら き　　　　じ ぶん　　しゅうしょく　　　　　はな　あ
田さんは公務員を目指していて、村木さんは一般企業の内定をもらっています。
た　　　　こう む いん　め ざ　　　　　　　　　　　いっぱん き ぎょう　ない てい

🔊 **CD 16**

① 中田：おれは公務員になるよ。

② 村木：あ、目指すの？　けっこうやばいぞ、公務員。

③ 中田：あ、おれねえ、最近勉強始めた。
　　　　　　　　　　　　さいきんべんきょうはじ

④ 村木：あ、もう完、もう完璧にそこ1本に絞る感じなんだ。
　　　　　　　　　　　かんぺき　　　　ほん　し ぼ　かん

⑤ 中田：ああ、なんかめんどくせんだもん **1**、だって＜笑い＞。いや、落ち
　　　　　　　　　　　　　　　　　　　　　　　　　　　わら　　　　　　　　　　お
　　　　ても来年、公務員目指せばいいじゃん **2**。
　　　　　　らいねん　こう む いんめ ざ

⑥ 村木：ああ、まあな。

⑦ 中田：あの、ね、変な会社入って辞めるよりはさ、1年フリーターやって
　　　　　　　　　　へん　かいしゃはい　や　　　　　　　　　　　ねん
　　　　公務員やったほうがいい。保障はやばいし。
　　　　こう む いん　　　　　　　　　　ほ しょう

⑧ 村木：まあね。

⑨ 中田：なにより、年金がやばい。
　　　　　　　　　ねんきん

⑩ 村木：あああああ、企業年金は削られてる **3**けど、そういう公務員の年金は
　　　　　　　　　　　き ぎょうねんきん　けず　　　　　　　　　　　　　　　こう む いん　ねんきん
　　　　あんまり **4**削られてないんだ **5**。
　　　　　　　　　けず

⑪ 中田：そうそうそう。年金制度は、強いよ、公務員は。
　　　　　　　　　　　　ねんきんせい ど　　つよ　　　　こう む いん

⑫ 村木：でも公務員、今、なんだっけな、採用がいちばん多いときに比べて
　　　　　　　こう む いん　いま　　　　　　　　さいよう　　　　　　おお　　　　くら
　　　　7割。
　　　わり

⑬ 中田：うん、減ったんでしょ？
　　　　　　　へ

⑭ 村木：うん、減った。
　　　　　　　へ

⑮ 中田：そりゃ **6**、だってさー、使えない人が多いからっしょ **7**。
　　　　　　　　　　　　　　　つか　　　ひと

⑯ 村木：いや、あん、まあ、新卒採用が減ったらしいから、厳しいっちゃ厳
　　　　　　　　　　　　　しんそつ　　　　　へ　　　　　　　　　きび
　　　　しいかも **8**。

⑰ 中田：まあ、でも、いいよ＜笑い・2人＞。

⑱ 村木：普通に、なんか、そういう変な企業行くよりは。
　　　　　　ふ つう

⑲ 中田：え、ところで、どっか **9**受けた？　最近。
　　　　　　　　　　　　　　　う

⑳ 村木：おれ、その辺の企業を。
　　　　　　　　へん

44

㉑　中田：え、何次まで行った、っていうか¹⁰。

㉒　村木：ふん？

㉓　中田：何次まで？

㉔　村木：あ、もう1個もらってる。

㉕　中田：うそ。

㉖　村木：1個内定もらってるけど、「もうそこでいっかなあ¹¹」と思って。おれの言ってる完全週休二日制、がもう絶対で、あとアイホン（iPhone）とアイパッド（iPad）もらえんの¹²。

㉗　中田：えっ、マジで？

㉘　村木：もらえる。支給される。

㉙　中田：な、何系？

㉚　村木：＜笑いながら＞不動産。

㉛　中田：＜笑い＞好きだねえ。

㉜　村木：不動産…。いや、超絶ホワイトだよ、そこ。あと、来年株式上場するからかなり利益が。

㉝　中田：そうなの？　好きだねえ、リアルエステート。

1　めんどくせんだもん←めんどうくさいんだもの
2　いいじゃん←いいじゃないか
3　削られてる←削られている
4　あんまり←あまり
5　削られてないんだ←削られていないのだ
6　そりゃ←それは
7　多いからっしょ←多いからでしょ

8　厳しいっちゃ厳しいかも←厳しいといえば厳しいかもしれない
9　どっか←どこか
10　っていうか←というか
11　いっかなあ←いいかなあ
12　もらえんの←もらえるの

	日本語	英語	韓国語	中国語
1	就活 しゅうかつ	job-hunting	취직 활동, 취업 준비	求职活动
2	中田（人名） なかた じんめい	Nakata (surname)	나카타 (인명)	中田（姓名）
3	村木（人名） むらき じんめい	Muraki (surname)	무라키 (인명)	村木（姓氏）
4	就職 しゅうしょく	(the act of) job-hunting	취직, 취업	求职
5	目指す めざす	aim	목표로 하다, 노리다	目标
6	一般企業 いっぱんきぎょう	normal company	일반기업	普通公司
7	内定 ないてい	unofficial offer (of employment)	내정 (채용이나 임용이 정식 발표 전에 결정되는 것. 일본 기업에 지원한 사람은 정식 채용 전에 내정을 받는 것이 보통)	录取（正式公布录取或任用之前的决定。一般在日本企业就职的人,在得到正式录用之前都会先得到内定）
8	おれ	me (informal first-person pronoun)	나 (주로 남자가 동년배나 아랫사람에게 씀)	我（男性第一人称）
9	やばい	amazing, really good/bad	끝장인, 죽이는, 쩌는 (속어. 좋은의미로도 나쁜 의미로도 쓰임)	不错（原意为糟糕）
10	最近 さいきん	recently	최근	最近
11	完璧に かんぺきに	perfectly	완벽히	完全（原意为完美）
12	絞る しぼる	narrow down	좁히다	集中
13	感じ かんじ	feeling, vibe	느낌, 양상, 방향 (어떤 상황을 자기 나름의 표현으로 재정리할 때 사용)	～的样子
14	なんか	somehow, (just) kind of	뭐랄까, 뭐지 (구어)	总觉得
15	めんどくさい	a hassle	귀찮은	麻烦
16	落ちる おちる	fail	떨어지다	落榜
17	変な へんな	weird, undesirable	이상한	奇怪的
18	辞める やめる	quit	그만두다	辞职
19	フリーター	"freeter," person who holds a series of casual/part-time jobs	프리터 (freeter ← 프리 아르바이터 (free+arbeit+er)), 자유 알바생	自由职业者
20	保障 ほしょう	security	보장, 복지	保障
21	年金 ねんきん	pension	연금	养老金
22	企業年金 きぎょうねんきん	corporate pension	기업 연금	企业养老金
23	削る けずる	cut	깎다, 줄이다	削减
24	年金制度 ねんきんせいど	pension system	연금제도	养老金制度
25	減る へる	decrease	줄다	减少
26	新卒採用 しんそつさいよう	hiring (employees) as new graduates (from higher education)	신규 졸업자 채용	应届生录用（名额）
27	厳しい きびしい	strict, severe	힘든, 어려운	严格
28	その辺 そのへん	that area, around there	그저 그런, 적당한	那边的
29	～ていうか	～ . . . is what I really mean	～ 라고 할까, 뭐랄까 (구어)	话说
30	何次 なんじ	what round	몇 차	第几次面试
31	うそ	no way (lit. '(that's a) lie')	거짓말 (놀람을 나타내는 감탄사처럼 사용됨)	骗人
32	完全週休二日制 かんぜんしゅうきゅうふつかせい	two full days off a week	완전 주휴 2일제, 주 5일 근무제	每周休息2天
33	絶対 ぜったい	definite, certain	절대, 절대적	绝对
34	アイホン	iPhone	아이폰	iPhone
35	アイパッド	iPad	아이패드	iPad
36	マジで	seriously	진짜로 (구어)	真的假的
37	支給する しきゅうする	provide	지급하다	支付
38	～系 ～けい	～-type	～ 계열, ～ 계통	～行业
39	不動産 ふどうさん	real estate	부동산	房地产
40	超絶 ちょうぜつ	superlative	초절정 (속어. 다른 것에 비해 유별나게 뛰어나다는 뜻의 "초절"에서 강조를 나타내는 부사로 확장)	超级
41	ホワイト	"white" (a company with good labor practices, as opposed to so-called "black" companies that overwork their employees)	화이트 (white) (화이트 기업)	良心（与压榨员工的"黑心"企业相反,在劳务方面管理规范的企业）
42	株式 かぶしき	stock	주식	股份
43	上場 じょうじょう	be listed (on the stock exchange)	상장 (주식 등을 거래소에 등록하는 일)	上市
44	かなり	really, seriously	꽤, 상당히	相当
45	利益 りえき	profit	이익	收益
46	好きだねえ	you sure do like (something), don't you?	좋아하는구나	你很喜欢啊
47	リアルエステート	real estate	리얼 에스테이트 (real estate), 부동산	房地产

表現項目
ひょうげんこうもく

1. 変な会社入って<u>辞めるより</u>、1年フリーターやって公務員<u>やったほうがいい</u>。

・明日は天気も悪そうだし、どこか<u>出かけるより</u>、<u>家にいたほうがいい</u>。

・熱が下がらないなら、<u>薬を飲むより</u>、<u>病院に行ったほうがいい</u>。

2. <u>普通に</u>変な会社だ。

・このケーキ、<u>普通に</u>おいしいよ。

・<u>普通に</u>おもしろいよ、このドラマ。

3. 新卒採用が減ったらしいから、<u>厳しいっちゃ厳しい</u>かもしれないね。

・<u>安いっちゃ安い</u>んだけど、同じようなの持ってるからな。

・この案でも<u>いいっちゃいい</u>けど、もう少し考えてみないか。

4. <u>好きだねえ</u>、リアルエステート。

・また、その映画見てるの？ もう10回は見てるでしょ？ <u>好きだねえ</u>。

・<u>好きだねえ</u>。今日の昼ご飯も、うどん？

自然会話の特徴

若者ことば

　ことばには、ある地域や、ある年代など特定の集団でよく使われるものがあります。若者ことばとは、10代から20代の若い年代の人によく使われる語彙や表現のことを言います。その中にはすぐに消えてしまうものもありますが、長い間使われて広い年代で使われるようになるものもあります。

　この教科書に出てきた若者ことばをいくつか見てみましょう。

1. 年金が<u>やばい</u>。（6課：大学生）

2. えっ、<u>マジで</u>？（6課：大学生）

3. <u>普通に</u>、なんか、そういう変な企業行くよりは。（6課：大学生）

4. <u>超絶</u>ホワイトだよ、そこ。（6課：大学生）

5. <u>め（っ）ちゃくちゃ</u>ダサいんだよ。（7課：大学生）

6. <u>めっちゃ</u>高い。（9課：20代）

7. すごいよ。<u>チョー</u>パワフル。（4課：30代）

8. な、何<u>系</u>？（6課：大学生）

9. 高い<u>ん</u>すよ。（9課：20代）

　1.の「やばい」は、もともと「悪いことになりそうでまずい、危ない」という意味で使われていましたが、「普通ではない」「程度が大きい」と意味が広がり、現在では「すばらしい」「良い」という意味でも使われるようになりました。たとえば、「このチョコレートやばい」は、「このチョコレートはとてもおいしい」の意味で使われています。

　2.の「マジ」は、「真面目」が省略されたものですが、「真面目」の意味ではなく、「本当に」「とても」の意味で使われます。1980年代から使われ始めて、今でもよく使われています。そのため、若者だけでなく中高年の人たちも使うことがあります。

　3.の「普通」は、本来は「一般的な」「当たり前の」という意味で、「友美はどこにでもいる普通の学生だ」「緊張して普通に話せない」のように使いますが、最近は「普通においしい」「普通にいい感じ」のように「一般的な基準を満たしている」「まあまあ、それなりに」という意味で使われることがあります。

　4.の「超絶」は、本来は「他のものと比べて優れていること」という意味ですが、若者ことばでは「優れている」という意味はなくなっています。「とても」「非常に」という強めの意味で使われ、「超絶寒がり」「超絶眠い」のように言います。

　ここでは「超絶ホワイト」と言っていますが、「ホワイト」も若者ことばです。とても悪い環境で、無理に人を働かせる企業を「ブラック企業」と呼びますが、その反対に、給料もよく、休みも十分あって働きやすい環境の企業を「ホワイト企業」と呼びます。そのため、6課の村木さんの言う「超絶ホワイトだよ」は「とてもいい就職先だ」ということになります。

　5.の「めっちゃくちゃ」は「めちゃくちゃ」を強めたものです。「めちゃくちゃ」は「地震で部屋の中がめちゃくちゃになった」のように「混乱する

第6課

様子」をあらわすナ形容詞でしたが、現在は程度が大きい様子をあらわし、「とても」や「すごく」の意味で使われます。「めちゃくちゃ格好いい」というように使われ、「とても格好いい」の意味になります。

　また、6. の「めっちゃ安い」のように、「めちゃくちゃ」を「めちゃ」に縮め、さらに強めて「めっちゃ」ということもあります。「めっちゃ」の部分は平板アクセントで発音されます。

　7. の「チョー」は「超」が若者ことばになったものです。「超」は「超高速」や「超高層マンション」「超特急」など漢語について「大変」「とても」という意味をあらわす接頭辞として使われていました。この「超」が和語や外来語にもつくようになり、「チョー疲れた」「チョー眠い」「チョーショック」「チョーまずい」のように使われるようになっています。

　8. は、「～系」という接尾辞です。本来は「ひとつのものから分かれたグループの人」の意味で、「文系」「医学系大学」のように使いました。それが広がって、あるグループのことをぼかして言うようになり、「癒し系」「ビジュアル系」「オタク系」「草食系男子」などと使います。

　9. では、「高いんですよ」の「です」の「で」を発音せず、「高いんすよ」と発音しています。「です」の「で」が促音に変わって、「高いっすよ」と発音するときもあります。

話し合おう

1. 中田さんと村木さんは、どうして公務員に就職することがいいと言っているのでしょうか。
2. あなたの出身地では、どんな就職先が人気がありますか。なぜですか。
3. あなたの出身地にもブラック企業とホワイト企業がありますか。

文化ノート　大学生の就職活動

　日本の学校は4月から始まり、3月で終わります。それは会社も同じで、3月に学校を卒業した学生は、4月から新社会人として働き始めるのが一般的

です。大学を卒業してすぐに働く場合は「新卒採用」の採用試験を受けて、内定をもらうのに対して、一度社会人として働いた人が転職のために採用試験を受ける場合は「中途採用」という採用形式をとります。

　日本は長い間、新卒採用による一斉採用と終身雇用という雇用形態が続きました。大学生は新卒採用で内定をもらえるように、学生のときから、インターンシップに励んだり、会社説明会に参加したりして、会社の情報を集めます。大学のキャリアセンターや、就職した先輩、インターネットからの情報も重要です。会社によっては、長時間労働で残業が多い、給料が安いなど、ブラック企業と言われるところもあるからです。

　採用試験は、企業の場合、エントリーシートという履歴書を出し、筆記試験や面接試験を受けるのが一般的です。本文に出てきた中田さんのように、安定した職業と考えられている公務員を志望する人もいます。公務員も筆記試験や面接試験があります。

　会社説明会や面接試験のときは、普段は茶色い髪にしている学生も、リクルートスーツと呼ばれる黒か紺色のスーツを着て、髪型やカバンなども地味にするなど、同じようなスタイルで活動します。個性をアピールするよりも協調性があるとみられるほうが面接に有利と考えるからでしょう。

　一律の流れで行われてきた就職活動ですが、外資系会社の増加や留学生、海外大学卒業者への対応などから、就職時期や活動内容も多様化してきています。グローバル化が進む現在、日本に留学して、留学を終えてから日本の企業で働く人も増えてきました。企業にとっても、在学中に身につけた日本語と母語など複数の言語が使えて、出身地の事情や日本の文化もよくわかり、幅広い視野と新鮮な発想を持つ留学生は魅力的な人材だと考えられているのです。

　また、ITや語学力など得意な方面を生かして在学中に起業をする大学生も出てきました。若いエネルギーで、自分の力を試してみるのです。

　社会や経済の状況によって影響を受けやすい就職ですが、今後はますます就職活動の方法や働き方も変わってくることでしょう。

第7課

「会社」って「宗教」？
（かいしゃ）　　（しゅうきょう）

あなたが知っている日本の会社を教えてください。
（し）　　（にほん　かいしゃ　おし）

あなたが会社（職場）を選ぶときの一番のポイントはなんですか。
（かいしゃ　しょくば　えら　　　いちばん）

■ **会話**　就活で体験した社歌について話す大学生2人の会話
（かいわ）　（しゅうかつ　たいけん　しゃか　　　　はな　だいがくせい　ふたり　かいわ）

■ **自然会話の特徴**　会話が重なるとき
（しぜんかいわ　とくちょう）　（かいわ　かさ）

■ **文化ノート**　社歌とは？
（ぶんか）

第7課　「会社」って「宗教」？

大学生の大城さんと仲村さんは現在、就職活動中です。2人は、説明会に参加した会社の社風について話しています。

🔊 CD 18

① 大城：＜笑いながら＞おれ、説明会、行った。

② 仲村：社長の、なんか、講演でしょ？

③ 大城：とかもあるしさー。なんかさー、説明会行った感じ、なんか、会社って、なんか、宗教なんじゃないかなあ＜笑い＞。

④ 仲村：やめろよ。＜笑いながら＞わか、わかるけどやめろよ。

⑤ 大城：ンフッ、＜笑いながら＞おれん所[1]の、受けた所さ。

⑥ 仲村：うんうん。

⑦ 大城：社歌があってさー、＜笑いながら＞めちゃくちゃダサいんだよ＜笑い＞。

⑧ 仲村：「しゃか」？

⑨ 大城：うん。

⑩ 仲村：どういうこと？

⑪ 大城：会社の、歌。

⑫ 仲村：ああー、歌、はいはい、はいはい。

⑬ 大城：めっちゃくちゃダサいんだよ。こんなん[2]、なんかさー、なんか、「毎日歌います」みたいなさ。

⑭ 仲村：そうだよね。毎日歌うよね。

⑮ 大城：「ええーっ」とか。

⑯ 仲村：ハハハハッ。

⑰ 大城：「おれ、洗脳されんの[3]？」みたいな。

⑱ 仲村：ねえ、そういうの、絶対やだ[4]わ。

⑲ 大城：「わたしはこの歌好きなんですよ」とか言って、絶対言わされてんだよ[5]。

⑳ 仲村：＜笑いながら＞そう、言わされてる[6]。

㉑ 大城：「おれ、ミスチル以外聞かないんですよ」っつったら[7]どうすんの[8]

みたいな。

㉒　仲村：アハ、＜笑いながら＞ミスチル以外聞かない。

㉓　大城：アハハハハハハ。

㉔　仲村：絶対クビになるわ。

㉕　大城：「社歌はちょっとミスチルの歌に変えてほしんですけど ⁹」つって ¹⁰
　　　　　＜笑い・2人＞。でも、もう、宗教だね。

㉖　仲村：まあねえ。

1　おれん所←おれの所
2　こんなん←こんなの
3　洗脳されん←洗脳されるの
4　やだ←いやだ
5　言わされてんだよ←言わされているんだよ
6　言わされてる←言わされている

7　「…聞かないんですよ」っつったら
　　←「…聞かないんですよ」と言ったら
8　どうすんの←どうするの
9　ほしんですけど←ほしいんですけれど
10　「…変えてほしいんですけど」つって←
　　「…変えてほしいんですけど」と言って

語彙リスト

	日本語	英語	韓国語	中国語
1	宗教	religion	종교	宗教
2	大城（人名）	Ōshiro (surname)	오시로 (인명)	大城（姓氏）
3	仲村（人名）	Nakamura (surname)	나카무라 (인명)	仲村（姓氏）
4	就職活動	job-hunting	취직 활동, 취업 준비	求职活动
5	～中	in the middle of ～	～ 중	正在～
6	説明会	information session	설명회	宣讲会
7	参加する	participate	참가하다	参加
8	社風	company culture	사풍 , 회사의 기풍	企业文化
9	おれ	me (informal first-person pronoun, usually male)	나 (주로 남자가 동년배나 아랫사람에게 씀)	我（男性第一人称）

	日本語	英語	韓国語	中国語
10	やめる	stop, quit, not do	그만하다 , 안 하다	拉倒吧
11	社歌	company song	사가 , 회사를 상징하는 노래	社歌
12	めちゃくちゃ	very, extremely (funny, etc.) (originally 'messed-up, mixed-up, etc.')	엄청 ("엉망"의 의미에서 정도가 심함을 강조하는 부사로 확장)	实在、太
13	ダサい	uncool, dowdy	촌스러운 , 없어 보이는 (속어)	土气
14	洗脳	brainwashing	세뇌	洗脑
15	絶対	definitely	분명히 , 틀림없이	绝对
16	ミスチル	Mr. Children (J-pop band)	미스치루 (←미스터 칠드런 (Mr. Children); 미스터 칠드런 (일본의 록밴드 이름))	Mr. Children（日本乐队）
17	～以外	except ～	～ 외 , ～ 이외	之外
18	クビになる	get fired	잘리다 , 해고되다	被炒鱿鱼

第7課

1. 宗教なんじゃないかなあ。

   ・あいつ、バカなことばっかり言ってるけど、けっこう、頭いいんじゃないかなあ。

   ・あの２人、しょっちゅうケンカしてるから、うまくいってないんじゃないかなあ。

2. 絶対言わされてんだよ。

   ・けさは、バスが来なくて30分も待たされた。

   ・きのう、駅前の店で、化粧品を買わされちゃった。

3. （社長の講演）とかもあるしさー。

   ・夏休みは勉強するとか、旅行するとか、いろいろできるでしょ？

   ・もう少し健康に気をつけたら？ タバコをやめるとか。

4. めちゃくちゃダサいんだよ。

   ・あの映画、めちゃくちゃおもしろかったよ。

   ・花田さん、きのう、バイト先の店長にめちゃくちゃしかられたって。

5. なんか、「毎日歌います」みたいなさ。

   ・A：先生に「大学卒業したら就職するんでしょ？」って言われてさ、「そうなんですけどー」みたいな＜笑い＞。

   　B：わかるわかる。就職したい企業がなかなかないんだよねー。

   ・A：暇だねえ。これから何する？

   　B：ご飯でも行く？ みたいな。

6. もう、宗教だね。

   ・きのう泊まった旅館、部屋は広いし、食事はおいしいし、もう最高だった！

   ・急にスピーチを頼まれて、もう大変だった。

7. 絶対やだわ↓。（下降調イントネーションの終助詞「わ」）

   ・あの２人が結婚するって聞いた？ びっくりしたわ↓。

・おれ、あいつと仲良くするなんて無理だわ↓。

8. ミスチル以外聞かない。

・こんなに暑いときは、ソーメン以外食べたくない。

・疲れすぎて、トイレ行く以外動けない。

9. まあねえ。

・A：お母さんの介護、大変ですね。

　B：まあねえ、しかたないですからね。

・A：テニスの試合で優勝したんだって。

　B：まあねえ、相手が弱かったんですよ。

自然会話の特徴

会話が重なるとき

　この課の本文を聞いてみると、大城さんと仲村さんの会話が重なっていることに気がつきます（★は次の話し手が割り込んだ場所、→ ←は会話が重なっている場所）。

第7課

(1) 大城：＜少し笑いながら＞おれ、説明会、行っ★た。

　　仲村：　　　　　　　　　　　　　　　　→社←長の、なんか、講

　　　　　　　　　　　　　　　　　　　　演でしょ↑？

(2) 大城：会★社の、歌。

　　仲村：　→ああー、歌←、はいはい、はいはい。

　(1) では、大城さんの話を最後まで聞かないで、仲村さんが話し始めています。(2) では、大城さんがこれから言おうとしていることを仲村さんが先に言ってしまい、重なりが起こっています。ほかにも、相手の話が終わった

と思って話し始めたら、相手の話がまだ続いていたために、偶然に 2 人の会話が重なってしまうこともあります。

　(1) のように、相手の話の途中で割り込むと、相手は嫌な気持ちになるかもしれません。しかし、(2) のように相手が言おうとしていることを予測しながら重なると、会話が流れるように続きます。

　日本語では次の例のように、終助詞の前、倒置が起こっているところなどで重なりが見られます。

(3) 終助詞の前での重なり（13 課）

　長谷川：あ、ネイティブの人たちからすれば、まあ、侵略者、まあ、エイリアンみたいなものだから★さ。

　古井　：　　　　　　　　　　　　　→うん←、そうだね。

(4) 倒置が起こっているところでの重なり（10 課）

　池田：鹿児島行ってみ★たい、旅行で。
　山本：　　　　　　　　　　→鹿児島←行くと、男の人がえばってそう。

　日本語は述語を文の最後に言うことから、述語だけ重ねることが簡単にできます。

(5) 述語での重なり（5 課）

　林　：小学生のころは、はんこもらいに★通いましたけどねえ。
　水野：　　　　　　　　　　　　　→そう、行ってたよ←。

　このように 2 人で文を作りあげることは、相手の話をよく聞いているからできることです。会話が重なることは必ずしも悪いことではありません。

話し合おう

1. あなたの出身地では、企業に「社歌」がありますか。ある場合は、どのような歌詞ですか。ない場合は、どうしてないと思いますか。
2. 「会社に就職することは、宗教に入ることと似ている」という大城さんの考え方について、どう思いますか。
3. だれかと話すときに、相手と会話が重なることがありますか。どんなときどんな形で重なっているか、観察してみましょう。

文化ノート　社歌とは？

「あふれる日ざし　緑に映えて　希望にもえる　若人トヨタ」
「今日の夢　明日へとになうつばさ　日本航空」

(弓狩匡純（2006）『社歌』文藝春秋)

「トヨタ」「日本航空」は、日本の有名な企業です。これらは、それぞれの会社の社歌の一部です。「社歌」とは会社のシンボルです。『社歌』の本を書いたジャーナリストの弓狩匡純さんは、「国に国歌があるように、学校に校歌があるように、企業には社歌がある」と言っています。この『社歌』の本を参考に社歌の謎を解いてみましょう。

社歌はなぜ作られたのでしょうか。日本では、大正時代になると、会社から給料をもらうサラリーマンが増えてきました。小さな企業であれば、社訓は直接社員に伝えることができます。しかし、多くの社員がいる大企業では、そうはいきません。そこで、会社のためにがんばろうという気持ちや社員どうしの仲間意識を高めるために、大企業では社歌が作られるようになったと言われています。

昭和時代の高度経済成長期には、朝の集会では全員が立って社歌を歌い、仕事の後の飲み会では、同僚と肩を組みながら社歌を大声で歌っていたそうです。しかし、1980 年代のバブル経済期の後では、従業員数はさらに増え、工場やオフィスが全国各地に広がったことで、社歌を歌う習慣がなくなって

いきました。若い人は、社歌を「ダサい」ものとして、嫌がるようになりました。

　では、最近の企業には「社歌」がなくなってきたのでしょうか。いいえ、そうではなさそうです。日本経済新聞の記事によると、景気が悪い近年では、「みんなでがんばろう」という勢いをつけるために、社歌がブームになりつつあるそうです。しかし、これまでの古くさい社歌のイメージを変えるために、有名な作詞家や作曲家が歌を作ったり、曲の調子がポップになったりしてきています。ぜひ、一度聞いてみませんか。

弓狩匡純（2006）『社歌』文藝春秋
『日本経済新聞』2016年11月13日電子版
「変わる「社歌」　再びブームの兆し」https://www.nikkei.com/
　　　　　　article/DGXMZO09334030Z01C16A1000001/　20190210閲読

第**8**課

ホームシック

あなたの出身地と日本とでは、生活や習慣などにどんな違いがありますか。
生活や習慣などの違いを感じたとき、どうしますか。

■ **会話** 海外滞在したときのホームシックについて話す家族の会話

■ **自然会話の特徴** 接続助詞で終わる文

■ **会話スクリプト**

第8課　ホームシック

アメリカに長期滞在したことがある恵美さん（30代）が、妹（30代）、妹の夫（40代）と食事中に、当時のホームシック体験について話しています。

🔊 **CD 20**

① 恵美　　：わたし、あんとき[1]、ホームシックにかかったんだもん[2]。

② 妹　　　：ふうん、意外だね。

③ 妹の夫：ああ、恵美ちゃんが。

④ 恵美　　：うん。ホームシックって[3]、この家じゃないんだよ。この家、あたし、ホームシックにならないんだけどー＜笑い＞。日本に対して、ホームシックに。

⑤ 妹の夫：ああ、ああ、ああ。

⑥ 恵美　　：なんか、その、買い物に行ったりとかしたときにー、なんか、違う感覚？

⑦ 妹の夫：それ、どのくらいで？

⑧ 恵美　　：最初にかかったのはー、多分ね、8月に行ってる[4]からね、9、10、11、さ、3、4か月めぐらいに、かかった。

⑨ 妹の夫：1回目、うーん。

⑩ 恵美　　：かかったってゆう[5]ほど、かかったわけじゃない。ただ、なんか、知り合いがだれもいないから。ホームシックじゃないんだよ。人シック。

⑪ 妹の夫：ああ、はいはい＜笑い・みんな＞。

⑫ 恵美　　：ジャパンシックってか[6]、その、友だちシック。なんか、こういうとこ[7]飲みに行こうよとか、そういうさ。

⑬ 妹　　　：そういうことはできないことがつらいのね。

⑭ 恵美　　：最初に人恋しくなったのは、行って3か月か4か月、あの、風邪ひいたとき。高熱出して、ひとりで、1週間家にこもってて[8]ー、鳥インフルエンザみたいな、かかってー、で、病院行かなかったから。

⑮ 妹　　　：つらいよね。別に場所が問題じゃなかったんじゃないの？　その状況を見たら。

⑯ 恵美　：状況、状況。

⑰ 妹の夫：うーん。だってー、ひとり暮らしの女の人、病気になって東京にいたって⁹さ。

⑱ 恵美　：あ、そ、おんなじ¹⁰おんなじ。

⑲ 妹の夫：やっぱ¹¹、寂しくなるんじゃない？

⑳ 妹　　：寂しい。友だちのよっちゃんなんかがすっごい¹²寂しがってる。

㉑ 妹の夫：あいつはな。

㉒ 妹　　：いっつも¹³、いっつも寂しい、寂しいって¹⁴ゆってて。

㉓ 妹の夫：そうそう、寂しい、寂しいって。

㉔ 恵美　：だからホームシックってゆうのとちょっと違うんだよね。別に食べ物も何も恋しくならないし。残念ながら、家族に対しては何も恋しくならない。

㉕ 妹の夫：ハハハハハハ、ハハハハ。

㉖ 恵美　：だから、ホームシックじゃなくて、友だちシック、ジャパンシックにかかったってわけ¹⁵。

1　あんとき←あのとき
2　かかったんだもん←かかったんだもの
3　ホームシックって←ホームシックというのは
4　行ってる←行っている
5　かかったってゆうほど←かかったとゆうほど
6　ジャパンシックってか←ジャパンシックというか
7　こういうとこ←こういうところ
8　こもってて←こもっていて

9　いたって←いても
10　おんなじ←おなじ
11　やっぱ←やはり
12　すっごい←すごい
13　いっつも←いつも
14　寂しいって←寂しいと
15　かかったってわけ←かかったというわけ

▌語彙リスト▐

	日本語	英語	韓国語	中国語
1	ホームシック	homesick(ness)	홈식 (homesick), 향수병	思乡病
2	アメリカ	(the United States of) America (lit. 'America', but often refers to the USA in particular)	미국	美国
3	長期	long-term	장기	长期
4	滞在	stay, residence	체재, 체류	居留
5	恵美(人名)	Emi (given name)	에미 (인명)	惠美 (人名)
6	～中	during ～	～ 중	正在～的时候
7	当時	at the time	당시	当时
8	体験	experience	체험, 경험	体验
9	意外	surprising, unexpected	의외	意外
10	～に対して	with respect to ～, regarding ～	～ 에 대해	对于～
11	感覚	feeling, sensibility	감각	感觉
12	知り合い	acquaintance	지인, 아는 사람	熟人

	日本語	英語	韓国語	中国語
13	～シック	～-sick (wistfully longing for ～, by analogy with 'homesick')	～ 병 ("sick" 에서)	思～病
14	つらい	tough, hard (to endure)	힘든	难受
15	恋しい	nostalgic, longing (for)	그리운	想念
16	高熱	high fever	고열	高烧
17	こもる	stay in	틀어박히다	闭门不出
18	鳥インフルエンザ	avian influenza	조류 인플루엔자 (influenza), 조류 독감	禽流感
19	別に	(not) especially (used with negative predicate)	딱히, 특별히	(并不) 特别地
20	状況	situation, circumstances	상황	情况
21	ひとり暮らし	living alone	혼자 삶	独居
22	東京	Tokyo	도쿄	东京
23	よっちゃん(人名)	Yotchan (nickname)	욧짱 (인명)	人名、昵称 (汉字可写作小良、小吉等)
24	寂しい	lonely	외롭다	寂寞

表現項目

1. この家、あたし、ホームシックにならないんだ**けど**ー。
   - もっと運動しなくちゃって、いつも思うんだ**けど**。
   - アメリカで日本食シックになってもどうしようもないんだ**けど**。
2. 別に食べ物も何も恋しくならない**し**。
   - 海や山に行きたいけど、お金がない**し**。
   - 勉強しなさい、って何度言っても子どもたちは聞かない**し**。
3. わたし、あんとき、ホームシックにかかったんだ**もん**。
   - だって、あなたの言っていることわかんないんだ**もん**。
   - 行けって言われたって、わたし、行きたくないんだ**もん**。
4. わたし、**あんとき**、ホームシックにかかったんだもん。
   - **あんとき**、あんなことを言わなければよかった。反省してるよ。
   - **あんとき**は、試合に負けるなんて考えられなかったんだ。
5. ホームシック**にかかる**。
   - 高熱が出て、体中が痛い。インフルエンザ**にかかった**みたい。
   - 重い病気**にかかって**3か月入院した。
6. 食事**中**
   - 夏休み**中**にいろいろなとこを旅行するつもりだ。
   - 電話**中**だから、テレビの音を小さくして。
7. ホームシック**って**、この家じゃないんだよ。
   - 結婚して、生活**って**、変わった？
   - 富士山**って**、美しい山だけど、登るのは大変なんだよ。
8. 日本**に対して**、ホームシックに。
   - 10代のころは、親の言うこと**に対して**いつも反対していた。
   - 大学は留学生**に対して**、安い宿舎を提供している。
9. かかった**ってゆう**ほど、かかった**わけじゃない**。

62

・つらかった<u>ってゆう</u>ほど、つらかった<u>わけじゃない</u>。

・疲れた<u>ってゆう</u>ほど、疲れた<u>わけじゃない</u>。

10. かかったってゆうほど、かかったわけじゃない。<u>ただ</u>、なんか、知り合いがだれもいないから。ホームシックじゃないんだよ。人シック。

・この店のラーメンとってもおいしいよ。<u>ただ</u>、いつも混んでいて待たされるけどね。

・卒業前に海外旅行をしたいんだ、<u>ただ</u>、お金がないとね。

11. ジャパンシック<u>ってか</u>、その、友だちシック。

・友だち<u>ってか</u>、その、アメリカ滞在中に知り合った日本人だけどね。

・日本食<u>ってか</u>、まあ、刺身と寿司が食べたくなるんだよね。

12. 鳥インフルエンザみたいな、かかってー、<u>で</u>、病院行かなかったから。

・ラーメンシックになって、<u>で</u>、車で2時間も運転してニューヨークまで行った。

・あした試験があるって言われて、<u>で</u>、寝ないで勉強した。

13. <u>別に</u>食べ物も何も恋しく<u>ならない</u>。

・<u>別に</u>外国生活は、大変じゃ<u>ない</u>けど、食べ物シックにはなるね。

・<u>別に</u>ひとり暮らしでも、全然寂し<u>くない</u>。

第8課

自然会話の特徴

接続助詞で終わる文

「けど」「し」「から」「ので」「のに」などの助詞は、「日曜日だ<u>けど</u>、会社に行った」「日曜日だ<u>し</u>、一日中寝ていよう」「日曜日だ<u>から</u>、本を読もう」「日曜日な<u>ので</u>、会社に行かなかった」「日曜日な<u>のに</u>、朝早く目がさめてしまった」のように、文と文とをつなぐ働きをします。そのため、接続助詞と名づけられています。しかし会話文の中では、これらの接続助詞の後に文が続かないことがあります。

63

1. この家、あたし、ホームシックにならないんだけど一。
2. あったかいからねえ。（1課）
3. うちでも、帰ってももちろんやるので一。（12課）
4. いい意味でも日本の夏休みなのに。（5課）
5. やっぱり、視点によって、全然、違うしさ。（13課）

のように、ほかの文を続けないで接続助詞だけで終わってしまう文です。その中には、2. の「ねえ」、5. の「さ」などもうひとつ助詞をつけて終わる文もあります。

　会話では、話し手と聞き手が直接話し合っているので、話し手の声の調子や表情や動作などもわかります。話し手の言おうとしていることが伝わりやすいです。そのため、全部言わなくても聞き手にわかることも多いので、接続助詞の後を言わないで終わってもかまわないのです。

　こうして、全部言わないで終わる言い方をすることによって、(1) 聞き手に対する言い方がやわらかくなる、(2) 聞き手に対して同意する、(3) はっきり言わないで聞き手の反応を見る、などの効果をあらわすこともできます。

話し合おう

1. ホームシックにかかったことがありますか。どんなホームシックですか。
2. ホームシックにかかったとき、どうしたらホームシックから解放されますか。
3. ホームシック以外にどんな「シック」が考えられますか。

会話　スクリプト

① 恵美　　：わたし、あんとき、ホームシックにかかったんだもん。
② 妹　　　：＜少し間＞ふうん、意外だね。

③ 妹の夫：ああ、恵美ちゃんが。

④ 恵美　：うん。ホームシックって、この家じゃないんだよ。＜笑いを
　　　　　　含みながら＞この家、あたし、ホームシックにならないんだ
　　　　　　けどー＜笑い＞。

⑤ 妹の夫：ああ。

⑥ 恵美　：日本に対して、ホームシックに↑。

⑦ 妹の夫：ああ、ああ、ああ。

⑧ 恵美　：なんか、その、買い物に行ったりとかしたときに｛うん［妹
　　　　　　の夫］｝ー、なんか、違う感覚↑？

⑨ 妹の夫：それー、どのくらいで？

⑩ 恵美　：最初にかかったのはー｛うん［妹の夫］｝、＜少し間＞多分ね、
　　　　　　＜少し間＞8月に行ってるからね、9、10、11、さ、3、4か月
　　　　　　めぐらいに、＜少し間＞★かかった。

⑪ 妹の夫：→1回目←、うーん。

⑫ 恵美　：かかったってゆうほど、かかったわけじゃない。ただ、なん
　　　　　　か、知り合いがだれもいないからー｛うん［妹の夫］｝。ホー
　　　　　　ムシックじゃないんだよ。人シック。

⑬ 妹の夫：ああ、はいはい＜笑い・みんな＞。

⑭ 恵美　：ジャパンシックってか、その、友だちシック。

⑮ 妹の夫：うんうん。

⑯ 恵美　：なんか、こういうとこ飲みに行こうよとか、そうゆうさ｛う
　　　　　　ん［妹の夫］｝。

⑰ 妹　　：そういうことはできないことがつ★らいのね。

⑱ 妹の夫：→まあね←。

⑲ 恵美　：最初に人恋しくなったのは、行って3か月か4か月、あの、風
　　　　　　邪ひいたとき。高熱出して、ひとりで、1週間家にこもって
　　　　　　てー｛うーんうん［妹の夫］｝、鳥インフルエンザみたいな、か
　　　　　　かってー｛うーんうん［妹の夫］｝、で、病院行かなかったから。

㉒ 妹　　　:＜少し間＞つらいよね。別に場所が問題じゃなかったんじゃ
　　　　　　　ないの？ その状況★を見たら。

㉑ 恵美　　: →状況←、じょうきょ ＝。

㉒ 妹の夫　:＝うーん。＜沈黙2秒＞だってー、ひとり暮らしの女の人、病
　　　　　　　気になって東京にいたってさ。

㉓ 恵美　　:あ、そ、おんなじおんなじ。

㉔ 妹の夫　:やっぱ、寂しくなるんじゃない？

㉕ 妹　　　:寂しい。友だちのよっちゃんなんかがすっごい寂しがってる ＝。

㉖ 妹の夫　:＝あいつは★な。

㉗ 妹　　　: →いっ←つも、いっつも寂しい、★寂しいってゆってて。

㉘ 妹の夫　: →そうそう、寂しい←、寂しいって＜笑い＞。

㉙ 恵美　　:＜沈黙2秒＞だからホームシックっていうのとちょっと違う
　　　　　　　んだよね。

㉚ 妹の夫　:うん。

㉛ 恵美　　:別に食べ物も何も恋しくならないしー ｛うんうん［妹の夫］｝。
　　　　　　　＜笑いを含みながら＞残念ながら、家族に対しては何も恋し
　　　　　　　くならない＝。

㉜ 妹の夫　:＝ハハハハハハ、★ハハハハ。

㉝ 恵美　　: →だから←、ホームシックじゃなくて、友だちシック、ジャ
　　　　　　　パンシックにかかったってわけ。

＜記号について＞

・★	:次の話し手の発話が始まった場所をあらわす。
・→ ←	:前の話し手の発話に重なった場所をあらわす。始まりは「→」、終わりは「←」。
・｜ ｜	:発話途中の聞き手の短いあいづちをあらわす。｜　｜の中の［　］は、あいづちを打った話し手の名前。
・＝ ＝	:発話と発話のあいだに沈黙（間）がないことをあらわす。
・↑	:イントネーションがあがっていることをあらわす。
・＜笑い＞	:笑っていることをあらわす。
・＜沈黙○秒＞	:沈黙が○秒あることをあらわす。
・＜少し間＞	:2秒未満の間をあらわす。

第8課

第9課

古着とおしゃれ
<ruby>古<rt>ふる</rt></ruby><ruby>着<rt>ぎ</rt></ruby>

今、どんなファッションが<ruby>流行<rt>りゅうこう</rt></ruby>していますか。
あなたは、どんなファッションが<ruby>好<rt>す</rt></ruby>きですか。

■ **会話** ファッションについて話す同僚2人の会話
<ruby>会<rt>かい</rt></ruby><ruby>話<rt>わ</rt></ruby> <ruby>話<rt>はな</rt></ruby> <ruby>同僚<rt>どうりょう</rt></ruby><ruby>2人<rt>ふたり</rt></ruby>

■ **自然会話の特徴** 関西弁
<ruby>自<rt>し</rt></ruby><ruby>然<rt>ぜん</rt></ruby><ruby>会<rt>かい</rt></ruby><ruby>話<rt>わ</rt></ruby> <ruby>特<rt>とく</rt></ruby><ruby>徴<rt>ちょう</rt></ruby> <ruby>関西弁<rt>かんさいべん</rt></ruby>

■ **文化ノート** 「もったいない」と「MOTTAINAI」
<ruby>文<rt>ぶん</rt></ruby><ruby>化<rt>か</rt></ruby>

第9課　古着とおしゃれ
だい　か　　　　　　　ふるぎ

　会社員の上田さん（20代）とその部下の森下さん（20代）が、休憩時間に男性
かいしゃいん　うえだ　　だい　　　　　　　　ぶか　もりした　　だい　　　　　　きゅうけい じ かん　だんせい
のファッションについて話し合っています。
　　　　　　　　　　　　　　　はな　あ

🔊 **CD 22**

① 上田：この前久しぶりに服買おうかなって **1** 思って、ぶらぶらしたんやけ
　　　　まえひさ　　　　ふくか　　　　　　おも
　　　　ど、でも、見てる **2** 限り、値段がめっちゃ高い、だいたい「あ、かっ
　　　　　　　　　　み　　　かぎ　ねだん　　　　たか
　　　　こいいな」と思いながら、見て終わっちゃう **3** みたいな。
　　　　　　　　　　　　　　　み　お

② 森下：そうそうそう、そうなんす **4** よ。だから、もう新品なんか、もう間
　　　　　　　　　　　　　　　　　　　　　　　しんぴん　　　　　　　ま
　　　　違いなく無理なんで。
　　　　ちが　　むり

③ 上田：絶対無理や。
　　　　ぜったい むり

④ 森下：だから、おれ、いちばん行くのは、あれですね、新宿の古着屋です
　　　　　　　　　　　　　　い　　　　　　　　　　　　しんじゅく　ふるぎ や
　　　　よね。

⑤ 上田：あ、そうなん **5**？　安いん **6**？
　　　　　　　　　　　　　　やす

⑥ 森下：だって、中古ですから。革ジャンすよ。それが1万円台で売ってる **7**
　　　　　　　　ちゅうこ　　　　かわ　　　　　　　　　まんえんだい　う
　　　　んすよ。

⑦ 上田：えっ、やっす **8**。

⑧ 森下：うーん、だから、定価だったら8万、9万する、やつ。
　　　　　　　　　　　てい か

⑨ 上田：そうやんな。

⑩ 森下：まあ、Tシャツなんか、ほんと、はやりで全然、価格、違いますよ、
　　　　　　　　　　　　　　　　　　　　　　ぜんぜん　か かく　ちが
　　　　古着なんて、特に。
　　　　　　　　とく

⑪ 上田：うーん、そうだよね。昔なんか、1万は軽く超えるぐらいのTシャ
　　　　　　　　　　　　　むかし　　　　　　　かる　こ
　　　　ッ探してた **9**。
　　　　さが

⑫ 森下：あちゃー、すごいなあ。

⑬ 上田：でもさ、男もん **10** って高いやろ？　何にしても、女もんに比べると。
　　　　　　　おとこ　　　　　　たか　　　　なん　　　おんな　　くら

⑭ 森下：何かしんない **11** けどねぇ。
　　　　なん

⑮ 上田：女ものっていうか **12**、レディースに比べるとさ。

⑯ 森下：いや、ほんとに **13** 何なんすかね **14**、あの差。
　　　　　　　　　　　　　　　　　　　　さ

⑰ 上田：なあ、あの差、腹立ってしかたがないわ、おれいっつも **15**。
　　　　　　　　　　はら た

⑱ 森下：そう、しかもさ、種類がそんなない **16** でしょ、男もん。
　　　　　　　　　　　　しゅるい

⑲　上田：ない。

⑳　森下：だから、女もん、ほんとにうらやましいね、いつも。何でこんな形
あんねん。

㉑　上田：そやねんな。

㉒　森下：で、また男の、たぶん、おれたちの年代からさらに上がると、私服
がジャケットになるでしょう。

㉓　上田：あのー、いわゆるブレザー的な雰囲気ね。あの上下ちょっと色違う
けど。

㉔　森下：そう。で、あれが高いんすよ、何でやねんっていうぐらい。

㉕　上田：おれは 40 ぐらいん 17 なっても、あくまでも T シャツに生きる＜笑
い・2 人＞。

㉖　森下：いや、まあ、体、絞れたらそれでええと思いますけども。

㉗　上田：あ、そうか、そうか。確かに、あのーがっちりした体には似合うの
よね、スーツとか、ああいうブレザー関係。

㉘　森下：で、またごまかせるでしょう？　幅があるから。T シャツ、駄目です
よ。

㉙　上田：T シャツはね。

㉚　森下：もう体のラインが見える。

㉛　上田：もうボヨーンとしちゃう 18 と。

㉜　森下：そうそうそうそう。

㉝　上田：でもそれやったら服さー、半分以上買い替えなあかんくなっちゃう。

第9課

1　買おうかなって←買おうかなと	10　男もん←男物
2　見てる←見ている	11　何かしんない←何かしらない
3　終わっちゃう←終わってしまう	12　女ものっていうか←女ものというか
4　そうなんす←そうなんです←そうなのです	13　ほんとに←ほんとうに
5　そうなん←そうなの	14　何なんすかね←何なのですかね
6　安いん←安いの	15　いっつも←いつも
7　売ってる←売っている	16　そんなない←そんなにない
8　やっす←安い	17　40 ぐらいん←40 ぐらいに
9　探してた←探していた	18　ボヨーンとしちゃう←ボヨーンとしてしまう

語彙リスト

	日本語	英語	韓国語	中国語
1	古着 (ふる ぎ)	used clothing, vintage clothing	헌 옷	旧衣服
2	会社員 (かい しゃ いん)	company employee	회사원	公司职员
3	上田 (人名) (うえ だ じんめい)	Ueda (surname)	우에다 (인명)	上田 (姓氏)
4	部下 (ぶ か)	inferior (in a hierarchy)	부하	部下
5	森下 (人名) (もりした じんめい)	Morishita (surname)	모리시타 (인명)	森下 (姓氏)
6	休憩時間 (きゅうけい じ かん)	break period (at work, etc.)	휴식시간	休息时间
7	ファッション	fashion	패션	时尚
8	ぶらぶら	wander around	어슬렁어슬렁 (매장 등을 이리저리 둘러보는 모양)	闲逛
9	～限り (かぎ り)	based on ～-ing, as far as I could ～	～ (하는) 한 , ～ (하는) 내에서는	据我～
10	値段 (ね だん)	price	값	价格
11	めっちゃ	very, extremely (funny, etc.)	엄청 , 완전 , 짱 (구어)	很
12	だいたい	basically, generally	대체로	基本上
13	かっこいい	cool	멋있는 , 멋진	样子好
14	新品 (しんぴん)	new (as opposed to used)	신품	新商品
15	間違いない (ま ちが)	definite, unquestionable	틀림없는 , 볼 것도 없는	毫无疑问
16	無理 (む り)	impossible, out of the question	무리 , 불가능	买不起
17	絶対 (ぜったい)	definitely, absolutely	절대	绝对
18	おれ	me (informal first-person pronoun, usually male)	나 (주로 남자가 동년배나 아랫사람에게 씀)	我 (男性第一人称)
19	新宿 (しんじゅく)	Shinjuku (place name)	신주쿠 (지명)	新宿
20	古着屋 (ふる ぎ や)	used clothing store	헌 옷 가게 , 중고의류	旧衣店
21	中古 (ちゅう こ)	used	중고	二手
22	革ジャン (かわ)	leather jacket	가죽 점퍼 (쟌 ← 쟌퍼 (jumper))	皮夹克
23	～台 (だい)	～ range (1万円台 = 'between 10,000 and 19,999 yen')	～ 대	～大关
24	定価 (てい か)	full price, recommended retail price	정가	定价
25	やつ	thing, one	것 , 물건	东西
26	はやり	popular, fashionable	유행	时尚
27	価格 (か かく)	price	가격	价格
28	特に (とく)	particularly	특히	(并不) 特别地
29	超える (こ)	be more than, exceed	넘다	超过
30	探す (さが)	search (for)	찾다	找
31	あちゃー	uh-oh, oh no	아이고 , 어이쿠	要命
32	男もん (男物) (おとこ おとこ もの)	men's clothing	남성복 , 남자 옷	男装
33	女もん (女物) (おんな おんな もの)	women's clothing	여성복 , 여자 옷	女装
34	レディース	ladies' clothing	레이디스 (ladies'), 여성의류	女装
35	差 (さ)	difference	차 , 차이	差距
36	腹立つ (腹が立つ) (はら た はら た)	get angry	화나다 (화가 나다)	生气
37	種類 (しゅ るい)	kinds, types	종류	种类
38	うらやましい	envious	부러운	羡慕
39	年代 (ねん だい)	decade (of life, within a historical century, etc.)	연령대	年龄段
40	さらに	also, additionally	더	进一步
41	私服 (し ふく)	clothing worn in private life (as opposed to uniforms, work clothes, etc.)	사복	私人服装
42	ジャケット	jacket	재킷 (jacket)	夹克
43	いわゆる	so-called	소위	
44	ブレザー的な (てき)	blazer-like	블레이저 (blazer) 같은 / 비슷한	西装夹克似的
45	雰囲気 (ふんいき)	mood, feel	분위기	氛围
46	上下 (じょう げ)	top and bottom	상하 , 위아래	上下
47	あくまでも	to the end, all the way	어디까지나	也不过是
48	絞る (体を絞って細くする意味) (しぼ からだ しぼ ほそ い み)	slim down	빠지다 , 날씬해지다	保持体型
49	確かに (たし)	indeed, you're right, it's true	확실히	的确
50	がっちりした	solid, brawny	탄탄한	结实
51	似合う (に あ)	suit, look good	어울리다	适合
52	～関係 (かん けい)	～-related	～ 관계 , ～ 류	与～相关
53	ごまかす	fake it, brazen it out	속이다 , 숨기다	糊弄
54	幅 (はば)	width	폭 , 너비	宽度
55	ライン (体の～) (からだ)	line	라인 (line) (몸 라인)	轮廓
56	ボヨーンと	bong! (onomatopoeia indicating something spilling out, expanding, etc.)	불룩 (배 등이 나온 모양)	肥嘟嘟
57	買い替え (か か)	replace (with a new purchase)	새로 삼	置换

1. 「かっこいいな」と思いながら、見て終わっちゃう。

   ・旅行に行きたいと言いながら、結局話だけで終わることが多い。
   りょこう　　　　　　　　　　　　けっきょく

   ・疑問に思いながら、調べないで終わった。
   ぎもん　　　　　　　しら

2. だって、中古ですから。

   ・Ａ：もう食べないの？

   　Ｂ：だって、お腹いっぱいなんだもん。
   　　　　　　　なか

   ・Ａ：どうして、おくれたの？

   　Ｂ：だって、時計が壊れてて…。
   　　　　　　　とけい　こわ

3. 定価だったら８万、９万するやつが１万で売っていた。

   ・いつもだったら７時に起きるところが、きょうは日曜日で９時まで寝て
   　　　　　　　　　　　お　　　　　　　　　　にちようび　　　　　ね
   いた。

   ・新車だったら200万するのが、中古で50万だった。
   しんしゃ

4. はやりで全然、価格、違いますよ。
   　　　　　　　かかく

   ・作り方で味がまったく違うようになる。
   つく

   ・話し方で印象がまったく違う人になる。
   　　　　いんしょう

5. 昔なんか、１万は軽く超えるぐらいのＴシャツ探してた。

   ・書きたいことがたくさんあって、手紙は10枚を軽くオーバーしそうだ。
   　　　　　　　　　　　　　　　てがみ　　まい

   ・サッカーの試合には、いつも１万人を軽く超えるファンが集まる。
   　　　　しあい　　　　　　　　　　　　かるこ　　　　　あつ

6. あの差、腹立ってしかたがないわ。

   ・ダイエットをしているせいか、甘いものが食べたくてしかたがない。
   　　　　　　　　　　　　　　あま

   ・ゆうべ寝ないで勉強したら、試験中、眠くてしかたがなかった。
   　　　ね　　　べんきょう　　しけんちゅう　ねむ

第9課

自然会話の特徴
しぜんかいわ　とくちょう

関西弁
かんさいべん

　日本語の教科書は、共通語の語彙やアクセントに合わせて作られていることが多く、テレビなどのニュースの音声も共通語で読まれることが一般的です。一方、日本にはたくさんの方言があります。関西地方では、「関西弁」という方言が使われます。

　関西弁といっても、いろいろなバラエティがあります。京都と大阪や兵庫、奈良ではだいぶ違いますし、同じ大阪でも北のほうと南のほうとでは違います。つまり、関西弁とはいっても、関西すべてで同じことばが使われているわけではありません。この9課の会話では、関西弁がいくつか使われています。まず関西弁だと思うところに線をひいてみてください。次に、その部分を共通語に直すとどのようになるか、考えてみましょう。

・「ぶらぶらしたんやけど」→「ぶらぶらしたんだけど」

・「絶対無理や」→「絶対無理だ」

・「安いん？」→「安いの？」

・「そうやんな」→「そうだよな」

・「高いやろ」→「高いだろう」

・「何でこんな形あんねん」→「何で（どうして）こんなに形があるんだ」

・「そやねんな」→「そうなんだよな」

・「何でやねん」→「何で（どうして）なんだ」

・「それでええと」→「それでいいと」

・「それやったら」→「それだったら」

・「あかんくなっちゃう」→「いけなくなってしまう」

　共通語と関西弁で、同じ語彙でもアクセントが違うものもあります。会話に出てくる語彙で、表記は共通語と同じで、アクセントが違うものをあげてみましょう。次の表を見てください。

第9課

72

共通語と関西弁のアクセントの違い

	共通語	関西弁
高い	たかい	たかい
中古	ちゅうこ	ちゅうこ
服	ふく	ふく
定価	ていか	ていか
店	みせ	みせ

上線：高いアクセント　下線：低いアクセントを示す。
※関西弁のアクセントは、地域や世代によって違うが、ここではその1例として示す。

　　皆さんも関西出身の人と話すことがあったら、その話し方を観察してみましょう。そしていろいろな地方に旅をすることがあったら、その土地で話されている方言にはどんなものがあるか、調べてみてください。

話し合おう

1. あなたは、買いたいものがとても高かったとき、どうしますか。
2. ファッションや持ち物に対して、こだわっているものがありますか。
3. 10年後、20年後にどんな服を着ていたいと思いますか。
4. 最近、腹を立てたことがありますか。どんな時でしたか。

文化ノート　「もったいない」と「MOTTAINAI」

　「もったいない」ということばを聞いたことがありますか。

　「まだ着られる服なのに捨てるなんてもったいない」「人がいないのに、電気をつけているなんて、もったいない」というように、その物の価値を十分生かしていなかったり、無駄にしていたりして残念だという意味で使われます。この意味に共感して、「MOTTAINAI」として世界に紹介したのが、環境分野でノーベル平和賞を受賞したケニアの環境保護活動家、ワンガリ・マータイさんです。

　　マータイさんは、「もったいない」にはReduce（ゴミを減らす）、Reuse（繰り返し使う）、Recycle（再資源化する）という環境活動の3Rの意味に加

え、かけがえのない資源に対する Respect（尊敬する気持ち）の意味も含まれていると知りました。けれども、これを1語の英語で表現することはできなくて、英訳せずに「MOTTAINAI」ということばで、国連女性地位委員会などで紹介しました。

　日本では親が子どもに「農家の人が一生懸命作ったご飯を食べ残すのはもったいない」と物を大切にする心を教えてきました。大量生産、大量消費で物があふれている現在では捨てないことは難しいことかもしれません。しかし、リサイクルすることは可能です。今、日本でも大型のリサイクルショップができて、さまざまな物が売られるようになりました。いくつかの衣料品店では、いらなくなった衣料品を回収して、古着として販売したり寄付したり、また、古着として利用できないものは工業用のぞうきんにするなどのリサイクル活動をしています。個人でもネットオークションに出したり、リサイクルショップに持ち込んだりする人が増え、以前よりもリサイクルに対して関心が高まっています。「MOTTAINAI」の精神がさらに広まるといいですね。

第 **10** 課

九州の女性
きゅうしゅう　じょせい

九州地方について、どんなことを知っていますか。
きゅうしゅうち ほう
あなたの出身地のイメージについて話してください。
し

- ■ **会話**　九州の女性について話す同僚４人の会話
  かい わ　きゅうしゅう　じょせい　　　　　　　どうりょう　にん

- ■ **自然会話の特徴**　あいまい表現
  し ぜんかい わ　とくちょう　　　　ひょうげん

- ■ **会話スクリプト**
  かい わ

第10課　九州の女性

池田さん（30代）と吉川さん（30代）には九州出張の経験があります。休憩時間に山本さん（20代）とも一緒に、福岡で会った女性たちについて話していると、博多で驚きの体験をしたという同僚の岩山さん（20代）も話に加わってきました。

🔊 **CD 24**

① 池田：鹿児島行ってみたい、旅行で。

② 山本：鹿児島行くと、男の人がえばってそう。

③ 池田：えっ?

④ 吉川：えばってそう。

⑤ 山本：鹿児島、男の人がえばってそう。

⑥ 池田：でも、薩摩おごじょ、っつってー[1]、強いんじゃないの、なんか。

⑦ 山本：そうなんですか?

⑧ 池田：うーん、てよく聞くけど、我慢強いってこと[2]なのかなあ。

⑨ 吉川：ハハハハハ。表面的には男をたててるんだけど[3]、裏では、実はちゃんと手綱を握ってて[4]。

⑩ 池田：実はねえ、手綱を引っ張ってる[5]のは女。九州はだいたいそうなの。

⑪ 山本：そうなんですか? なんか、腑に落ちないな、それって[6]。

⑫ 池田：九州の女は強いって[7]言われてる。

⑬ 山本：ふうん。

⑭ 池田：でも、福岡の事務所行くとねえ、もう、そんな、裏とかいうだけでなく、表だけでも女の人強かったですよ。

⑮ 山本：ハハハハハ、ハハ。

⑯ 池田：お酒が強い、なにしろ。

⑰ 山本：ああーん、なるほどねえ。

⑱ 池田：びっくりしちゃった[8]、あたし。福岡の事務所なんてまあ女性が多いけど。

⑲ 吉川：みんな焼酎飲むもんねえ[9]。

⑳ 池田：男はみんなぶっ倒れてんのに[10]、女の人みんな朝まで飲んでるの

76

＜笑い・みんな＞。

㉑　吉川：うっ、すごい。

㉒　池田：あら、だらしないわねえとか言ってねえ、送ってって **11** あげるんだ
　　　　　よ＜笑い・みんな＞。

㉓　岩山：あれ、九州の女の人ってなんか、乱、乱暴ってゆう言い方はなんかお
　　　　　かしいかもしれないですけど、口調はきつくないですか？　向こうの
　　　　　方言って。

㉔　池田：ああ、うん、地域によるけどね。

㉕　岩山：博多で、あの、道を聞いたんですよ。そしたらなんか、叱られてる
　　　　　ように聞こえて＜笑い・みんな＞。すっごいねえ **12**、なんか乱暴、
　　　　　乱暴ってゆうか **13**。

㉖　池田：早口な人が多いよねえ。

㉗　岩山：強い、強かった。うーん、なんか、えー、あれは強烈な、男かって **15**
　　　　　＜笑い・みんな＞思うような、口調でしたよ。

1 薩摩おごじょっつって一←薩摩おごじょといって		**8** びっくりしちゃった←びっくりしてしまった
2 我慢強いってこと←我慢強いということ		**9** 飲むもんねえ←飲むものねえ
3 たててるんだけど←たてているのだけど		**10** ぶっ倒れてんのに←ぶっ倒れているのに
4 手綱を握ってて←手綱を握っていて		**11** 送ってって←送っていって
5 引っ張ってる←引っ張っている		**12** すっごいねえ←すごいねえ
6 それって←それというのは		**13** 乱暴ってゆうか←乱暴とゆうか
7 強いって←強いと		**14** 男かって←男かと

語彙リスト

	日本語	英語	韓国語	中国語
1	九州 きゅうしゅう	Kyushu	규슈	九州
2	池田(人名) いけだ じんめい	Ikeda (surname)	이케다 (인명)	池田 (姓氏)
3	吉川(人名) よしかわ じんめい	Yoshikawa (surname)	요시카와 (인명)	吉川 (姓氏)
4	出張 しゅっちょう	business trip	출장	出差
5	休憩時間 きゅうけい じかん	break time (at work, etc.)	휴식시간	休息时间
6	山本(人名) やまもと じんめい	Yamamoto (surname)	야마모토 (인명)	山本 (姓氏)
7	福岡 ふくおか	Fukuoka (city and prefecture in Kyushu)	후쿠오카 (지명)	福冈
8	博多 はかた	Hakata (ward in Fukuoka)	하카타 (지명)	博多
9	体験 たいけん	experience	경험	体验
10	岩山(人名) いわやま じんめい	Iwayama (surname)	이와야마 (인명)	岩山 (姓氏)
11	加わる くわ	be added	더해지다	外加
12	鹿児島 かごしま	Kagoshima	가고시마 (지명)	鹿儿岛
13	えばる	brag, swagger	으스대다 , 거들먹거리다 ("이바르 "의 방언)	自大
14	薩摩おごじょ さつま	woman from Satsuma (an older name for Kagoshima)	가고시마 여성 (마음씨가 곱고 심지가 굳은 여성이라는 이미지가 있음 . "薩摩 "(사쓰마) 는 가고시마의 옛 이름)	萨摩姑娘
15	我慢強い がまんづよ	able to endure suffering	참을성 있는	忍耐力强
16	表面的に ひょうめんてき	superficially	표면적으로	表面上
17	たてる	prop up, support	치켜세우다	给面子
18	裏 うら	behind the scenes (lit. 'back,' 'rear')	남득이 가지 않다 , 찜찜하다	不明白
19	ちゃんと	firmly, securely	착실하게 , 제대로	稳妥地
20	手綱を握る たづな にぎ	hold the reins	고삐를 쥐다 , 칼자루를 쥐다	背地里
21	引っ張る ひ ば	pull	당기다 , 잡아당기다	拉扯
22	腑に落ちない ふ お	unconvincing, hard to understand (lit. 'doesn't fall into the gut')	남득이 가지 않다 , 찜찜하다	不明白

23	表 おもて	openly, out front (lit. 'front')	겉, 밖	表面上
24	なにしろ	after all, in the end	어쨌든, 다른 건 둘째 치고	毕竟
25	なるほど	I see	과연, 역시, 그렇구나	原来如此
26	焼酎 しょうちゅう	*shōchū* (distilled liquor that can be made from rice, barley, sweet potatoes, etc.)	소주	烧酒
27	ぶっ倒れる たお	keel over, pass out	쓰러지다	倒下
28	だらしない	weak, pathetic	칠칠치 못한	不像话
29	乱暴 らんぼう	violent	난폭함, 거침	粗鲁
30	おかしい	funny, strange, weird (おかしくなる = 'come over funny')	이상한, 웃긴	不正常（要生病）, 不合适

31	口調 くちょう	tone of voice	말투	语气
32	きつい	sharp, pointed (of a way of speaking)	험하다	苛刻
33	方言 ほうげん	dialect	방언, 사투리	方言
34	地域 ちいき	region	지역, 지방	地区
35	叱る しか	scold	혼내다	责骂
36	早口 はやくち	fast-talking	말이 빠름	语速快
37	強烈な きょうれつ	intense	강렬	强烈

表現項目
ひょうげんこうもく

1. でも、薩摩おごじょ、っつってー、強いんじゃないの、**なんか**。
   - 英語って、**なんか**おもしろいかもしれない。
   - この服、**なんか**、いいんじゃない。
2. お酒が強い、**なにしろ**。
   - あの人って、**なにしろ**わがままでしょう。
   - **なにしろ**初めての外国生活だから、買い物だけでもたいへんだった。
3. すっごいねえ、なんか乱暴、乱暴**ってゆうか**。
   - 風が強い**ってゆうか**、台風みたいだった。
   - 難しい**ってゆうか**、もうぜんぜんわからなかった。
4. 表面的には男を**たてて**るんだけど、裏では、実はちゃんと手綱を握って
   て。
   - 斎藤さんのご紹介ならしかたありませんね。斎藤さんの顔を**たてて**、話
   だけはお聞きしましょう。
   - 年上の人や先輩を**たてる**のは、社会人として大切なマナーです。
5. なんか、**腑に落ちない**な、それって。
   - 試験で60点の山本さんがA評価で、80点のわたしがB評価だなんて、
   どうにも**腑に落ちない**。
   - あの選手がどうして代表に選ばれたのか、**腑に落ちない**。

あいまい表現

　本文の会話の中では、「裏とかいうだけでなく、表だけでも」のような「とか」の使い方がみられます。「とか」は、「〜とか〜とか」という形で、いくつかの例をあげるときに使われますが、ここでは、「裏とか表とか」のように例をあげるのではなく、「裏」だけのことを言っています。「裏とか」ということで、「裏だ」とはっきり言うことを避けて表現をあいまいにしているのです。このような「とか」の使い方は会話に多くみられます。

1. 上からパーマをかけたほうが、こう、ボリューム感とかは出ますね。（3課）
2. トリートメントとかしてます？　自分で。（3課）
3. 「わたしはこの歌好きなんですよ」とか言って、絶対言わされてるんだよ（7課）

　このようにはっきり言うのを避けるためのことばには、「とか」のほかにも「みたいな」「的な」といったものがあります。「みたいな」も「的な」も「〜のような」という意味があり、このことばをつけることではっきり言わずに表現をやわらかくしています。

4. あったかいからねえ。でも、ちょっと、気象的には異常だね。（1課）
5. あのー、いわゆるブレザー的な雰囲気ね。あの上下ちょっと色違うけど。（9課）
6. 現代だけど、わりと古めかしい、なんか、秘境みたいなところで。（2課）
7. 「あゆちゃんと遊んでんじゃーん」みたいなこと？（4課）

第
10
課

79

また、下の８の例のように文の終わりを疑問形にしたり、９・10・11の
ように「〜ていうか」「けど（ねー）」などをつけたりして、はっきり言わな
い表現もみられます。10・12では、「なんか」ということばを使っていま
すし、文末を最後まで言い切らずに終わっています。これらはおもに、相手
の感じ方に同調して、自分の判断や主張をやわらかくするために使われてい
ます。

8.　えっと、日曜日の夜かなあ？（1課）

9.　いろんな一体操っていうか、なんていうんだろう、そのー、体動かすこ
　　とよりも、ダイエットするんならラジオ体操よ。（5課）

10.　すっごいねえ、なんか乱暴、乱暴ってゆうか。（10課）

11.　まあ、トリートメントなんかも大事ですけどねえ。（3課）

12.　敵が来たときにー、なんか草の音がやんだとか、風、風向きがかわった
　　とか、そこらへんの描写がなかなか。（2課）

話し合おう

1.　方言についてどう思いますか。
2.　今、住んでいる地域にはどんなイメージがあると思いますか。
3.　日本語では男性と女性で話し方が違うと思ったことがありますか。あな
　　たの出身地のことばではどうですか。
4.　日本語の表現のあいまいさについて気がついたことを話してみましょう。

会話　スクリプト

① 池田　：鹿児島行ってみ★たい、旅行で。
② 山本　：→鹿児島行く←と、男の人がえばってそう。
③ 池田　：えっ↑？
④ 吉川　：★えばってそう。
⑤ 山本　：→鹿児島、←男の人がえばってそう。

⑥ 池田　：でも、薩摩おごじょ ｛ああ ［吉川］｝、っつってー、強いんじゃ
　　　　　ない★の↑、なんか。

⑦ 山本　：→そうなんですか↑？←

⑧ 池田　：うーん、てよく聞くけど、我慢強いってことなのかなあ。

⑨ 吉川　：ハハハハハ。表面的には男をたててるんだけど↑｛うん、そう。
　　　　　［池田］、｝裏では、実はちゃんと手綱を★握ってて。

⑩ 池田　：→実はねえ←、手綱を引っ張ってるのは女。九州はだいたいそ
　　　　　うなの。

⑪ 山本　：そうなんですか↑？なんか、腑に落ちないな、それって。

⑫ 池田　：九州の女は強いってゆわれてる。

⑬ 山本　：ふうん。

⑭ 池田　：でも、福岡の事務所行くとねえ、もう、そんな裏、裏とかゆう
　　　　　だけでなく、表だけでも女の人強かったですよ。

⑮ 山本　：ハハハハハ、★ハハ。

⑯ 池田　：→お酒が←強い、なにしろ。

⑰ 山本　：＜笑いを含みながら＞ああーん、なるほどねえ。

⑱ 池田　：びっくりしちゃった、あたし。福岡の事務所なんてまあ女性が
　　　　　★多いけどー、男はみんなぶっ倒れてんのにー＜笑い・みんな＞、
　　　　　女の人みんな朝まで飲んでるの＜笑い・みんな＞。

⑲ 吉川　：→みんな 焼 酎 飲むもんねえ←。うっ、すごい。

⑳ 池田　：あら、だらしないわねえとか言ってねえ、送ってってあげるん
　　　　　だよ＜笑い・みんな＞。

㉑ 岩山　：あれ、九州の女の人ってなんか、乱、乱暴ってゆう言い方はな
　　　　　んかおかしいかもしれないですけど、口調はきつくないですか
　　　　　↑？向こうの方言って。

㉒ 池田　：ああ、うん、地域によるけどね。

㉓ 岩山　：博多で、あの、道を聞いたんですよ。そしたらなんか、叱られ
　　　　　てるように聞こえて＜笑い・みんな＞。すっごいねえ、なんか

乱暴、乱暴ってゆうか。

㉔　池田　：早口な人が多いよねえ↑。

㉕　岩山　：強い、強かった。うーん、なんか、えー、あれは強烈な、男
　　　　　　かって＜笑い・みんな＞思うような、えー、口調でしたよ。

＜記号について＞

・★　　　　　　：次の話し手の発話が始まった場所をあらわす。

・→　←　　　：前の話し手の発話に重なった場所をあらわす。始まりは「→」、終わりは「←」。

・｜　　　｜　：発話途中の聞き手の短いあいづちをあらわす。｜　｜の中の［　］は、あいづちを打った話
　　　　　　　　し手の名前。

・↑　　　　　　：イントネーションがあがっていることをあらわす。

・＜笑い＞　　：笑っていることをあらわす。

第11課

驚くべきコミュニケーション術

相手の話に驚いたり、感心したりしたとき、どのように言いますか。
「話し上手」「聞き上手」ということばがあります。どんな人のことを言う
と思いますか。

- **■ 会話**　ある同僚について話す同僚2人の会話

- **■ 自然会話の特徴**　あいづちを打つ

- **■ 会話スクリプト**

83

第11課　驚くべきコミュニケーション術

小川さん（30代）と会社の後輩（30代）が外出の車中で話しています。後輩は、ある同僚の驚くべきコミュニケーション術について話し始めます。

🔊 **CD 26**

① 後輩：あの人、おもしろいですよね、クマちゃん。ぜんっぜん¹、ほんと²、話聞いてないんです³よね。

② 小川：ハハハハッ。そうなの？

③ 後輩：ぜんっぜん聞いてないです。お客さんとの話も全然聞いてないです。

④ 小川：へえ、ハハハ。

⑤ 後輩：だけど、合わせるのは、ほんと、うまい。

⑥ 小川：ああ、ああ。

⑦ 後輩：天才的にうまいですねえ。

⑧ 小川：ああ。完全にその人の身になって聞いてる⁴感じがするね。

⑨ 後輩：しますよねえ。でも、全然聞いてないんです。

⑩ 小川：ハッハッハハハ。

⑪ 後輩：ま、みごとに。

⑫ 小川：へえーーー。

⑬ 後輩：で、さも知ってるように話しちゃう⁵けど、全然知らないんです。

⑭ 小川：ハッハハハ。知ったか⁶もすんの⁷？

⑮ 後輩：知ったかもします。

⑯ 小川：ハハハ。

⑰ 後輩：全然普通に合わせちゃうんです、相手の話に。

⑱ 小川：へえーーえ。

⑲ 後輩：ま、「どこどこでご飯食べて、あそこうまかった」って言ったら⁸、自分もさも行ったような、「知ってます⁹よ」ってゆうような。

⑳ 小川：へえー。

㉑ 後輩：うまいですよ。

㉒ 小川：そうなんだ。

㉓ 後輩：疑ってみるとわかるんですよ。

㉔　小川：ああ、ハッハハハハ。

㉕　後輩：疑わないとわかんない¹⁰です。

㉖　小川：なるほどね。ああやって聞かれたら、ちょっと疑い、疑いをかけら
　　　　　れないよね。

㉗　後輩：かけられないです。

㉘　小川：ああ。そうなんだ。

1　ぜんっぜん←ぜんぜん（全然）
2　ほんと←ほんとう
3　聞いてないんです←聞いていないんです
　　←聞いていないのです
4　聞いてる←聞いている
5　話しちゃう←話してしまう

6　知ったか←知ったかぶり
7　すんの←するの
8　「…うまかった」って言ったら
　　←「…うまかった」と言ったら
9　知ってます←知っています
10　わかんない←わからない

語彙リスト

	日本語	英語	韓国語	中国語
1	～術 （じゅつ）	～ skills, ～ technique	～ 술, ～ 기술	～术
2	小川（人名） （おがわ じんめい）	Ogawa (surname)	오가와 (인명)	小川 (姓氏)
3	後輩 （こうはい）	underclass student, one's junior (in an organization)	후배	晩輩
4	外出 （がいしゅつ）	errand, client meeting, etc. (lit. 'going outside')	외출	外出
5	車中 （しゃちゅう）	in (the) car	차내, 차 안	车中
6	同僚 （どうりょう）	coworker	동료	同事
7	クマちゃん （熊田のニックネーム） （まだ）	Kuma-chan (nickname)	구마쨩 (구마다의 별명)	小熊 (熊田的昵称)
8	全然（①全然～知らない。②全然～あわせちゃう。） （ぜんぜん）（し）	①at all, totally (with negative predicate); ②totally, absolutely (with positive predicate)	전혀 (원래 "①전혀 모르다 " 처럼 부정적 표현과 같이 사용되는 부사이나 "②전혀 (잘) 맞다 " 와 같이 긍정적 표현에도 사용됨)	完全（①完全～不知道。②完全～配合。）
9	合わせる（話を～） （あ）（はなし）	fit, shape a conversation to suit the other participant(s)	이야기를 맞추다, 대화를 잘 끌고 가다	附和别人的话
10	天才的に （てんさいてき）	like a genius	천재적으로	天才
11	完全に （かんぜん）	completely	완전히	完全
12	～の身になって （み）	put yourself in ～'s shoes	～ 의 입장이 되어	设身处地
13	みごとに	remarkably, superbly	멋지게, 완벽하게	完美
14	さも	just as if	자못, 마치	简直
15	知ったか（知ったかぶり）	pretending to know something	아는 척	仿佛知道的样子
16	疑う （うたが）	doubt	의심하다	怀疑
17	なるほど	I see	과연, 그렇구나	原来如此
18	疑いをかける （うたが）	cast doubt (on)	의심을 품다	怀疑

表現項目
ひょうげんこうもく

1. さも知ってるように話しちゃうけど、全然知らないんです。

   ・人から聞いた話なのに、さも自分が見てきたように話す。
   　　　　　　　　　　　　　じ ぶん

   ・新しい仕事について、さも楽しそうに働いていたけど、たった2か月で
   あたら しごと　　　　　　　　たの　　　　はたら　　　　　　　　　　　　げつ
   辞めてしまった。
   や

2. まあ、みごとに（聞いてない）。

   ・実験は、みごとに成功した。
   じっけん　　　　　　せいこう

   ・相手は年下だったし、勝つ自信はあったが、みごとに負けてしまった。
   　　としした　　　　　か じしん　　　　　　　　　　　ま

3. 天才的にうまいですねえ。

   ・これはだれがかいた絵ですか、うまいですねえ。
   　　　　　　　　　　え

   ・おおぜいの人の前に立つと、緊張してうまく話せません。
   　　　　　まえ た　　きんちょう

自然会話の特徴
しぜんかいわ　とくちょう

あいづちを打つ
う

　本文を見ると、小川さんの後輩がほとんどひとりで話しています。小川さ
み
んは、後輩の話に笑いや短い文で応答しているだけです。しかし、小川さん
わら みじか ぶん おうとう
の短い発話は、コミュニケーション上とても大切な働きをしています。
はつ わ　　　　　　　　　　　　　　　たいせつ はたら
　小川さんはどんな表現でどんな気持ちを相手に伝えているでしょうか。
きも　　つた

（1）驚いたり、感心したりする。
おどろ かんしん

・後輩: まあ、みごとに。

　小川: へえ＝＝＝。

・後輩: うまいですよ。

　小川: そうなんだ。

(2) 確認する
　　　かくにん
・後輩: ぜんっぜん、ほんと、話聞いてないんですよね。

　　小川: ハハハハッ。そうなの？

(3) 同意する
　　　どうい
・後輩: だけど、合わせるのは、ほんと、うまい。

　　小川: ああ、ああ。

(4) 納得する
　　　なっとく
・後輩: 疑わないとわかんないです。

　　小川: なるほどね。

「そうなんだ」、「なるほど（ね）」ということばだけでなく、後輩の話の合
間に入る「ああ、ああ」という短い反応や、発話の前後の＜笑い＞は、すべ
て「あいづち表現」です。相手の話に興味をもっていることを伝える大切な
サインになっています。

この教科書には、次のようなあいづち表現も使われています。

(1) 感心	えっ、マジで？（6課）　ふーん。（10課）
(2) 確認	え？（4課）　ふん？（6課）　あ、そうなん？（9課）
(3) 同意	そうです。そうです。（5課）　そうそうそうそう。（5課） まあねえ。（7課）　うんうん。（7課） ああ、はいはい。（8課）　そうやんな。（9課）
(4) 納得	うん、ああ、そっか。（12課）　うん、確かにね。（13課）

また、4課の「自然会話の特徴」で出てきた「繰り返し」もあいづち表現
　　　　　　しぜんかいわ　とくちょう　で　　　　　　くかえ
と同じ働きをします。
おな　はたら
さらに、このようなことばだけでなく、頭を上下に動かすジェスチャー
　　　　　　　　　　　　　　　　あたま　じょうげ　うご
（うなずき）も、あいづち表現です。相手の話を聞いていることや相手の話
を理解していることをあらわします。
りかい

話し合おう

1. 驚いたり感心したりしたとき、あなたの母語ではどんな表現を使いますか。

2. あなたは日本語で話すときと自分の母語で話すときとでは、あいづちの打ち方が違いますか。どのように違いますか。

3. あなたが考える「会話を続けるための大事なポイント」を3つあげてください。

会話 スクリプト

① 後輩：あの人、おもしろいですよね、クマちゃん。

② 小川：ハハハハハ。

③ 後輩：[強調して発音] ぜんっぜん、ほんと、話聞いてないんですよね。

④ 小川：ハハハハッ。そうなの↑？

⑤ 後輩：ぜんっぜん聞いてないです。お客さんとの話も {ああ [小川]} 全然聞いてないです。

⑥ 小川：へえ、★ハハハ。

⑦ 後輩：→だけど←、合わせるのは、ほんと、★うまい。

⑧ 小川：→ああ←、ああ。

⑨ 後輩：天才的に★うまいですねえ。

⑩ 小川：→ああー←。完全にその人の身になって聞いてる感じがする★ね。

⑪ 後輩：→しま←すよねえ。でも、全然聞いてないんです。

⑫ 小川：ハッハッハハハ。

⑬ 後輩：ま、みごとに。

⑭ 小川：へえーーー。

⑮ 後輩：で、さも知ってるように話しちゃうけど、全然知らないんです。

⑯　小川　：ハッハハハ。知ったかもすんの↑？＝

⑰　後輩　：＝知ったかもします。

⑱　小川　：ハハハ。

⑲　後輩　：全然普通に合わせちゃうんです ｛ああ［小川］｝、相手の話に。

⑳　小川　：へえーーえ。

㉑　後輩　：ま、「どこどこでご飯食べて、あそこうまかった」って言った
　　　　　　ら ｛ああ［小川］｝、自分もさも行ったような ｛ハハッハハハハ
　　　　　　［小川］｝、「知ってますよ」ってゆうような。

㉒　小川　：へえー。

㉓　後輩　：＜沈黙２秒＞うまいですよー。

㉔　小川　：そうなんだ＜笑い＞。

㉕　後輩　：疑ってみるとわかるんですよ。

㉖　小川　：ああ★ー。ハッハハハハ。

㉗　後輩　：→疑わないと←わかんないです。

㉘　小川　：なるほどね。［息を吸い込む］ああやって聞かれたら、ちょっ
　　　　　　と疑い＜少し間＞え［「疑えない」と言い直しかけて中断］、疑
　　　　　　いをかけられないよね＝。

㉙　後輩　：＝かけられない★です。

㉚　小川　：→ああ←ー。＜沈黙２秒＞そうなんだ。

<記号について>

- ★　　　　　　：次の話し手の発話が始まった場所をあらわす。
- → ←　　　　 ：前の話し手の発話に重なった場所をあらわす。始まりは「→」、終わりは「←」。
- ｛　　　｝　 ：発話途中の聞き手の短いあいづちをあらわす。｛　｝の中の［　］は、あいづちを打った話し手の名前。
- ＝　　＝　　 ：発話と発話のあいだに沈黙（間）がないことをあらわす。
- ［　　　　］　：音声上の特徴や必要と思われる補足説明。
- ↑　　　　　　：イントネーションがあがっていることをあらわす。
- ＜笑い＞　　　：笑っていることをあらわす。
- ＜沈黙○秒＞：沈黙が○秒あることをあらわす。
- ＜少し間＞　：２秒未満の間をあらわす。

第11課

89

第 **12** 課

節分と恵方巻き
せつ　ぶん　　え　ほう　ま

あなたの出身地の正月では、どんなものを食べたり、飲んだりしますか。
　　　しゅっしんち　しょうがつ　　　　　　　　　　　　た　　　　　　　　の
あなたの出身地の行事やその食べ物にどんな思い出がありますか。
　　　しゅっしんち　ぎょうじ　　　　　た　もの　　　　　　おも　で

■ **会話**　節分の習慣について話す同僚3人の会話
　　かいわ　せつぶん　しゅうかん　　　　　はな　どうりょう　にん

■ **自然会話の特徴**　助詞の省略
　　しぜんかいわ　とくちょう　じょし　しょうりゃく

■ **文化ノート**　節分と恵方巻き
　　ぶんか　　　　　せつぶん　え　ほう　ま

91

第12課　節分と恵方巻き

　　あしたは節分です。40代の同僚の石田さん・佐々木さん・山中さんが職場の昼休みに、それぞれの家庭の節分の習慣について話しています。

🔊 **CD 28**

① 山中　：あした節分だ、そういえば、ねえ。

② 石田　：うん、ああ、そっか**1**。2月3日？

③ 佐々木：うん。別に夜だよ。わたし豆まき、帰って。

④ 山中　：うちでも、帰ってももちろんやるのでー。

⑤ 石田　：え、やるんだね、ちゃんと。

⑥ 山中　：一応、やるんだけど。

⑦ 佐々木：子どももいるからよね、きっと。

⑧ 石田　：うんうん、そう。

⑨ 佐々木：自分じゃ**2**やんない**3**よね。

⑩ 石田　：うんうん、そうだよね。子どもと一緒にやるんだもん**4**ね。年齢の数だけ食べんでしょ**5**？

⑪ 佐々木：落花生、あれ、ピーナッツ、何まく？

⑫ 山中　：いや、去年は、落花生にしてー。

⑬ 佐々木：＜笑いながら＞テトラパックみたいになった、あのー。

⑭ 石田　：テトラパックのね、袋ごと、オッホッホ。ふうん、ああ、懐かしい、豆まきなんて。ちっちゃい**6**ころ、お父さんが、そういう行事が好きな人で、あたしの父親がね、だから、豆まきなんて、ほんとに**7**近所に聞こえるように、「鬼は一外」なんてゆって＜笑い＞。

⑮ 山中　：あのー、昔だと大きな声でー、近所中にいきわたるぐらいにやるのが普通だったんじゃないかなと思う。

⑯ 佐々木：なんか、恵方巻きだっけ。節分のとき食べるの。

⑰ 石田　：ああ、昔、あんなのなかったよねえ。

⑱ 佐々木：関西で始まったんだって**8**？　で、コンビニとかで、今、なんかいっぱい売ってる**9**もんねえ。

⑲ 石田　：売ってるねえ。スーパーでやってた**10**、ドラえもんの恵方巻きと

第12課

か言って。

⑳　山中　：今すごいよ、ほんと、あの、恵方巻きの宣伝が。

㉑　佐々木：わたし、冷凍にしちゃった¹¹、＜笑いながら＞恵方巻き。生協の。

㉒　石田　：あ、買ったの？

㉓　佐々木：うん。そこの1階にお寿司屋さんが入ってて¹²、で、ま、そこで買って、でも、ピンキリで高いやつは、ほんとに、なんか。海鮮寿司とかいうのだとー、けっこう1000円ぐらいとか平気でしちゃう¹³よねえ。

㉔　石田　：太いんでしょ¹⁴？けっこう。

㉕　佐々木：そうそう、太くて、で、結局切って食べたんだけどさ。

㉖　山中　：ほんとは、かぶりつくんでしょ？こう、こうやって。

㉗　佐々木：そうそう。なんか、方角を向いてね。

㉘　石田　：それ、その方角に向いて、全部食べ切らなきゃいけない¹⁵の？

㉙　佐々木：そう。食べ切るんじゃなかった？ひとり1本ずつで。しかもしゃべっちゃいけない¹⁶んだっけ？

㉚　山中　：やだあ¹⁷、ハハハハハ。

1　そっか←そうか
2　自分じゃ←自分では
3　やんない←やらない
4　やるんだもん←やるんだもの←やるのだもの
5　食べんでしょ←食べるんでしょ←食べるのでしょう
6　ちっちゃい←ちいさい
7　ほんとに←ほんとうに
8　始まったんだって←始まったのだという
9　売ってる←売っている
10　やってた←やっていた
11　冷凍にしちゃった←冷凍にしてしまった
12　入ってて←入っていて
13　しちゃう←してしまう
14　太いんでしょ←太いのでしょう
15　食べ切らなきゃいけない←食べ切らなければいけない
16　しゃべっちゃいけない←しゃべってはいけない
17　やだあ←いやだあ

語彙リスト

	日本語	英語	韓国語	中国語
1	節分	Setsubun (a Japanese observance on February 3, the last day before spring on the traditional calendar)	절분 (철이 갈리는 날 . 입춘 , 입하 , 입추 , 입동의 전날 . 특히 입춘 전날)	立春前一天
2	恵方巻き	ehō-maki (a kind of sushi roll eaten on Setsubun)	에호마키 (입춘 등 절분에 먹는 말이초밥의 일종)	立春、立秋之日食用的一种寿司卷
3	同僚	coworker	동료	同事
4	石田 (人名)	Iwata (surname)	이시다 (인명)	石田 (姓氏)
5	佐々木 (人名)	Sasaki (surname)	사사키 (인명)	佐佐木 (姓氏)
6	山中 (人名)	Yamanaka (surname)	야마나카 (인명)	山中 (姓氏)

	日本語	英語	韓国語	中国語
7	職場	workplace	직장 , 회사	工作单位
8	それぞれ	each (of them)	각각	各自
9	家庭	household	가정	家庭
10	別に	(not) especially (with negative predicate) unremarkably, "it's nothing special, just . . ." (with positive predicate)	그냥	(并不) 特别地
11	豆まき	bean-throwing (a Setsubun tradition)	콩 뿌리기 (절분에 액막이로 " 鬼は外 , 福は内 " (복은 안으로, 귀신은 밖으로) 라고 외치며 볶은 콩을 뿌리는 문화)	撒豆
12	ちゃんと	properly	착실하게 , 제대로	认真地

13	一応 いちおう	in our way, at a bare minimum, etc.	일단	姑且
14	年齢 ねんれい	age	연령, 나이	年龄
15	落花生 らっかせい	peanuts	낙화생, 땅콩	花生
16	まく	toss, scatter	뿌리다	撒
17	テトラパック	Tetra Pak (a kind of food packaging)	테트라 팩 (Tetra Pack; 상표명. 우유 팩 같은 종이 용기)	利乐包装 (一种食物包装)
18	袋 ふくろ	bag	주머니, 봉지	袋子
19	~ごと	each ~	~ 째	连~一起
20	懐かしい なつ	nostalgic	그립다, 옛날 생각이 나다	令人怀念
21	行事 ぎょうじ	observance, regular event	행사	活动
22	近所 きんじょ	neighborhood	근처, 이웃	附近
23	鬼は外 おに そと	*Oni out!* (chanted on Setsubun while throwing beans to keep the ogres known as oni out of the house)	귀신은 밖으로 (물러나라)	鬼出去
24	~中 じゅう	throughout ~	온 ~ (온 동네, 온 세상)	~到处
25	いきわたる	reach, extend to	널리 퍼지다	走遍
26	普通 ふつう	normal(ly)		普通
27	あんな	that kind of	그런	那样的
28	関西 かんさい	Kansai region (Osaka, Kyoto, Shiga, Hyogo, Nara, Mie, and Wakayama)	간사이 (지방)	关西
29	ドラえもん	Doraemon (Japanese cartoon character)	도라에몽 (만화)	哆啦A梦
30	宣伝 せんでん	advertising	선전, 광고	宣传
31	冷凍 れいとう	frozen	냉동	冷冻
32	生協 せいきょう	co-op	생협 (생활협동조합)	生活协同组合 (超市)
33	ピンキリ	(of food) "with everything"	최상급에서 최하급까지 ("ピンからキリまで" 의 준말), 천차만별	各种各样
34	やつ	thing, one	것, 물건	玩意儿
35	海鮮 かいせん	seafood	해산물	海鲜
36	平気 へいき	blithe, unblinking	예사, 아무렇지도 않음	好意思
37	結局 けっきょく	ultimately, in the end	결국	到头来
38	かぶりつく	bite, chomp	물어뜯다	咬
39	方角 ほうがく	direction	방향, 방위	方位
40	食べ切る た き	eat completely	(남기지 않고) 다 먹다	吃完
41	しゃべる	talk	말하다, 수다떨다	说话

表現項目
ひょう げん こう もく

1. しゃべっちゃいけない<u>んだっけ</u>？

   ・この試験、辞書を持ち込んでいい<u>んだっけ</u>？

   ・卒業論文って、200枚も書く<u>んだっけ</u>？

2. 近所<u>中</u>にいきわたる。

   ・社長が辞めるってことは、会社<u>中</u>みんな知ってたみたいだよ。

   ・財布をなくして、ホテル<u>中</u>探したけど見つからなかった。

3. 食べ<u>切る</u>

   ・先輩に頼まれていた仕事をやり<u>切る</u>ことができてうれしい。

   ・薬をもらったら、最後まで飲み<u>切って</u>ください。

4. そこの1階にお寿司屋さん<u>が入ってる</u>。

   ・大学の生協にスマホの店<u>が入ってる</u>。

   ・駅のデパ地下には最近、いろいろな店<u>が入ってる</u>ね。

自然会話の特徴
しぜんかいわ　とくちょう

助詞の省略
じょ　し　　しょうりゃく

　会話では意味がわかる場合は、助詞が省略されることがあります。例文を見てください。（　）の中の助詞は、文章を書くときは使われるけれど、この教科書の会話文では省略されている助詞です。

(1)「は」（主題をあらわす助詞）
しゅ だい

　1.　うちのお母さん（は）、パワフルです。（4課）

　2.　わたし（は）、冷凍にしちゃった、恵方巻き。（12課）

(2)「を」（目的語をあらわす助詞）
もく てき ご

　3.　岩波新書（を）、立ち読みしたんですか？（2課）
いわ なみ しん しょ

　4.　風邪（を）ひいたとき。（8課）

(3)「が」（主語をあらわす助詞）

　5.　昼休み（が）終わって「あれ？」って感じで。（1課）

　6.　ひとり暮らしの女の人（が）、病気になって東京にいたってさ。（8課）

(4)「に」「へ」（動作の方向をあらわす助詞）
どう さ ほう こう

　7.　説明会（に／へ）行った感じ、（7課）

　8.　病院（に／へ）行かなかったから。（8課）

(5)「に」（動作の到着点をあらわす助詞）
とうちゃくてん

　9.　そっちのほうが頭（に）はいんだよね。（2課）

　10.　変な会社（に）入って辞めるよりはさ、1年フリーターやって公務
や　　　　　　　　　　　　　　　　　　　　　　　　　　　　　　こう む
　　　員やったほうがいい。（6課）
いん

(6)「に」が変化をあらわす場合も省略されることがあります。

　11.　少数民族扱い（に）、なってるけど、（13課）
しょうすう みん ぞく あつか

(7)「は」が何かを比べることをあらわす場合は省略できません。
くら

　12.　企業年金は削られてるけど、そういう公務員の年金はあんまり削ら
き ぎょうねん きん　　けず

れてないんだ。(6課)

　いちばん多く省略される助詞は、(2) の目的語をあらわす「を」ですが、(1) の主題をあらわす「は」もよく省略されます。(3) の主語をあらわす「が」や (4) の方向をあらわす「に」「へ」も省略されます。(5) の「〜に入る」のような「に」を到着点をあらわす助詞と言いますが、これも省略されることがあります。また、(6) の変化をあらわす「に」も省略されることがあります。しかし、(7) の比べることをあらわす「は」は省略できません。また、「で」「と」「から」「まで」などの助詞は省略できません。

🗣 話し合おう 🗣

1. 節分のような行事があなたの出身地にもありますか。
2. 「鬼は外」から何を想像しますか。
3. あなたの出身地の行事の中でいちばん好きなものを教えてください。

文化ノート 節分と恵方巻き

　節分とは、「季節を分ける」という意味があって、以前はそれぞれの季節の始まり（立春・立夏・立秋・立冬）の前の日のことを言いました。現在は立春の前の２月３日か４日を節分と言い、その日には、豆まきをします。最初に「福豆」という豆を準備します。福豆は煎った大豆のことで、豆を煎り、豆まきをする夜まで神棚に供えておくのが伝統的なやり方です。豆まきをするのは暗くなる夜です。鬼は真夜中にやってくると言われています。家族みんなで豆まきをすることが大切です。伝統的には豆をまくのは父親の役目でしたが、今はそれを気にする人はあまりいません。家族みんなでまきます。

　まず、家の玄関や窓を開けます。家の奥の部屋から始め、「鬼は外！」と言いながら豆をまきます。順番に鬼を追い出すようにして、最後は玄関までまきます。そして、その鬼が家に戻ってこないように、まいたらすぐ戸や窓を閉めます。次に「福は内！」と部屋の中にまきます。豆まきが終わったら、

1年の厄除けを願い、豆を食べます。伝統的なやり方としては、自分の年齢よりもひとつ多く豆を食べます。それは、新しい年の厄除けなので、自分の年齢よりひとつ多く食べるという意味です。でも現在は自分の歳の数だけ食べるのが普通です。

　最近、節分の日に「恵方巻き」を食べる人や家族が出てきました。「恵方」すなわち「いいことが起こる方角・神様がいる方角」に向いて、黙って、一度に食べるのです。そうしないと願いごとがかなわない、と言われています。この「恵方巻き」は、江戸時代の後期から明治時代の初期に大阪の商人たちが商売繁盛を願って始めたと言われています。

ラシック、くらしの智恵「節分・恵方巻き」　https://rssic.jp/contnt/1339

第 **13** 課

卒論コロンブス
そつ ろん

レポートを書くとき、どんなテーマが難しいですか。
か　　　　　　　　　　　　　　　　むずか
卒論ではどんなことを書くつもりですか。
そつ ろん　　　　　　　　　　か

■ **会話**　卒業論文について話す大学生２人の会話
かい わ　　そつぎょうろんぶん　　　　　はな　だいがくせい ふたり　かい わ

■ **自然会話の特徴**　倒置表現
し ぜんかい わ　　とくちょう　　とう ち ひょうげん

■ **文化ノート**　コロンブスの評価
ぶん か　　　　　　　　　　　　ひょう か

第13課　卒論コロンブス
だい　か　そつろん

　大学の同級生、長谷川さんと古井さんは、今、卒業論文を書いているところで
だいがく　どうきゅうせい　はせがわ　ふるい　いま　そつぎょうろんぶん　か
す。学食で、それぞれのテーマや進み具合について話しています。
がくしょく　すす　ぐあい　はな

🔊 **CD 30**

① 長谷川：え、今、卒論どんぐらい¹？ 何ページぐらい？
なん

② 古井　：うんとねえ。今、20 ページなんだけどー、でも、なんか、書く方
ほう
　　　　　向がちょっと違ってきちゃった²。だから、なんか、もともとは、
こう　ちが
　　　　　うちは、アフリカ音楽。で、それと、音楽の、グローバリゼーショ
おんがく　おんがく
　　　　　ン、こう、広がり方とかについてやりたいなと思って、で、今、
ひろ　かた　おも
　　　　　けっこう練り直しっていうか³、ま、だいたい決まってきたぐら
ね　なお　き
　　　　　いの段階で、わあっと書くと思うんだけどー。
だんかい

③ 長谷川：ああ、ああ、ああ。

④ 古井　：え、ゼミ長、コロンブスだっけ？
ちょう

⑤ 長谷川：ゼミ長、コロンブス。

⑥ 古井　：どう？

⑦ 長谷川：ゼミ長、コロンブスあんま⁴進まない。

⑧ 古井　：あれ？＜笑い・2人＞。
わら　ふたり

⑨ 長谷川：結論、どこまで、もってこう⁵か、がさ。
けつろん

⑩ 古井　：そこだよね。

⑪ 長谷川：コロンブスが、その、いいやつだったのか、悪いやつだったのかっ
わる
　　　　　ていうとこ⁶で終わりにするのか、それとも、なんかもっと、民
お　みん
　　　　　族とかそういうのを絡めてった⁷ほうがいいのか。やっぱり⁸、
ぞく　から
　　　　　視点によって、全然、違うしさ。
してん　ぜんぜん　ちが

⑫ 古井　：うん、確かにね。
たし

⑬ 長谷川：アメリカ、まあアメリカじゃねえ⁹や、その、ヨーロッパ側からも
がわ
　　　　　すれば、まあ、彼は、英雄って¹⁰呼ばれてる¹¹し、歴史の教科書
かれ　えいゆう　よ　れきし　きょうかしょ
　　　　　でも、普通そうじゃない？
ふつう

⑭ 古井　：そりゃあ¹²そう。うん。

⑮ 長谷川：アメリカを発見したって言われてる。でも、実際、アメリカ、発見してるわけじゃないし、上陸はしてない[13]しさ。

⑯ 古井　：そうだね。

⑰ 長谷川：あ、ネイティブの人たちからすれば、まあ、侵略者、まあ、エイリアンみたいなものだからさ。

⑱ 古井　：うん、そうだね。

⑲ 長谷川：エイリアンが、やってきたって思われてるから、うーん、ま、どっち[14]の立場に、なんだろうか[15]なあと。まあ、おれはずっとヒーローみたいな感じで教わってきたから、多分、ヒーローって答えると思うんだけど、最終的には。でもまあ、そういう視点もあるんだっていうのは、ちょっと忘れちゃいけない[16]し、それを卒業研究の授業で学んだし、それだけの視点があるんだって、まあそう考えていくと、なんか、その「正義って何[17]？」とか。

⑳ 古井　：ああ、そかそか[18]。え、なんかさー、それさー、インディアンとか、が、コロンブスが来たことによって、いろいろ、なんかその、ま、壊されたじゃん[19]、環境とかを。

㉑ 長谷川：生活変わったって、うーん。

㉒ 古井　：で、それをさー、言ってるのは、結局さー、他者なの？　それとも、インディアンとかで今でも言ってる人とかはいるの？　それを。

㉓ 長谷川：ん、ま、今でも、今でこそほんとに[20]、まあ、かなり少数民族扱い、なってるけど、もともとは、それがマジョリティーだったわけだし、うん、だからそういう記録みたいなのをもっとあさらないといけないなあと思ってるんだけどさ。

1　どんぐらい←どのぐらい
2　違ってきちゃった←違ってきてしまった
3　練り直しっていうか←練り直しというか
4　あんま←あまり
5　もってこう←もっていこう
6　悪いやつだったのかっていうとこ←悪いやつだったのかというところ
7　絡めてった←絡めていった
8　やっぱり←やはり
9　アメリカじゃねえ←アメリカじゃない
10　英雄って←英雄と

11　呼ばれてる←呼ばれている
12　そりゃあ←それは
13　上陸はしてない←上陸はしていない
14　どっち←どちら
15　なんだろうか←なるのだろうか
16　忘れちゃいけない←忘れてはいけない
17　正義って何←正義と（いうの）は何
18　そかそか←そうかそうか
19　壊されたじゃん←壊されたじゃないか
20　ほんとに←ほんとうに

語彙リスト

	日本語	英語	韓国語	中国語
1	卒論（=卒業論文）（そつろん/そつぎょうろんぶん）	graduation thesis	졸업논문	毕业论文
2	コロンブス	(Christopher) Columbus	콜럼버스 (Columbus)	哥伦布
3	同級生（どうきゅうせい）	classmate, person in same year at school	동급생, 동기	（同年级的）同学
4	長谷川（人名）（はせがわ/じんめい）	Hasegawa (surname)	하세가와（인명）	长谷川（姓氏）
5	古井（人名）（ふるい/じんめい）	Furui (surname)	후루이（인명）	古井（姓氏）
6	学食（=学生食堂）（がくしょく/がくせいしょくどう）	cafeteria, dining hall	학식（=학생식당）	学生食堂
7	それぞれ	each (of them)	각각	分别
8	テーマ	theme, topic	테마 (Thema〔독어〕), 주제	主题
9	進み具合（すすみぐあい）	progress, how (something) is going	진행 정도 / 상황	进展
10	方向（ほうこう）	direction	방향	方向
11	もともと	originally	원래	原本
12	うち（=自分）（じぶん）	me (informal first-person pronoun, usually female)	나 (1인칭 대명사처럼 쓰임)	我
13	アフリカ	Africa	아프리카	非洲
14	音楽（おんがく）	music	음악	音乐
15	グローバリゼーション	globalization	글로벌리제이션 (globalization), 세계화	全球化
16	広がる（ひろがる）	spread	퍼지다	传播
17	練り直し（ねりなおし）	rework, revise	재검토, 새로 잼	重写
18	段階（だんかい）	stage	단계	阶段
19	ゼミ長（ちょう）	seminar leader (in Japanese higher education, a zemi 'semi(nar)' is a small, long-term study group focusing on a particular topic)	제미 (←제미나ー르 (seminar〔독어〕); 세미나, 교수의 지도를 받으며 특정 테마에 관해 연구, 토론하는 그룹)의 장 / 대표	课代表
20	結論（けつろん）	conclusion	결론	结论
21	やつ	person, guy	녀석, 놈	人
22	それとも	or	아니면, 혹은	还是
23	民族（みんぞく）	ethnic group	민족	民族
24	絡める（からめる）	bring in, involve	관련짓다	结合
25	視点（してん）	viewpoint	시점	角度
26	確かに（たしかに）	indeed, you're right, it's true	확실히 (여기서는 상대방의 말에 동의하며 맞장구치는 말)	确实
27	アメリカ	America, or the United States of America in particular	미국	美洲
28	ヨーロッパ	Europe	유럽	欧洲
29	～側（がわ）	the ～ side	～ 측, ～ 쪽	～方面
30	歴史（れきし）	history	역사	历史
31	英雄（えいゆう）	hero	영웅	英雄
32	普通（ふつう）	normal(ly)	보통	普通
33	発見する（はっけん）	discover	발견하다	发现
34	実際（じっさい）	in reality	실제, 실제로	实际
35	上陸（じょうりく）	make landfall	상륙	登陆
36	ネイティブ	native	네이티브 (native), 원주민	消极
37	侵略者（しんりゃくしゃ）	invader	침략자	侵略者
38	エイリアン	alien	에일리언 (alien)	异邦人
39	立場（たちば）	standpoint	입장	立场
40	おれ	me (informal first-person pronoun, usually male)	나 (주로 남자가 동년배나 아랫사람에게 씀)	我（男性第一人称）
41	ヒーロー	hero	히어로 (hero), 영웅	英雄
42	感じ（かん）	feeling, vibe		感觉
43	最終的に（さいしゅうてきに）	ultimately	최종적	最终的
44	学ぶ（まな）	learn	배우다	学习
45	正義（せいぎ）	justice	정의	正义
46	インディアン	Native American	인디언 (Indian)	印第安
47	壊す（こわ）	destroy	파괴하다	破坏
48	環境（かんきょう）	environment	환경	环境
49	結局（けっきょく）	ultimately	결국	结局
50	他者（たしゃ）	other (person)	타자, 다른 사람	局外人
51	少数民族扱い（しょうすうみんぞくあつかい）	being treated like an ethnic minority	소수민족 취급	作为少数民族
52	マジョリティ	majority	머 조 리 티 (majority), 다수파	多数
53	記録（きろく）	record	기록	记录
54	あさる	pore over, sift through	찾아다니다	搜寻

表現項目
ひょうげんこうもく

1. 今、けっこう練り直し<u>っていうか</u>、ま、だいたい決まってきたぐらいの
  段階で、わあっと書くと思うんだけどー。

    ・販売員<u>っていうか</u>、まあスーパーの店員とおんなじですよ。
    はんばいいん　　　　　　　　　　　　てんいん
    ・みんな<u>っていうか</u>、2、3人が行きたいって言うので、決まっちゃった。

2. コロンブスが、その、いいやつだった<u>のか</u>、悪いやつだった<u>のか</u>ってい
  うとこで終わりにする。

    ・あの人はやる気がある<u>のか</u>ない<u>のか</u>、さっぱりわからない。

    ・お正月料理は自分で作る<u>のか</u>、どっかのデパートで買う<u>のか</u>、どうしま
    しょうがつりょうり
    す？

3. え、ゼミ長、コロンブス<u>だっけ</u>？

    ・学食って、何時まで<u>だっけ</u>？

    ・北海道新幹線は、東京からどこまで<u>だっけ</u>？
    ほっかいどう

4. ヨーロッパ側<u>からすれば</u>、まあ、彼は、英雄って呼ばれてるし、

    ・学生<u>からすれば</u>、日曜日に図書館が利用できないのは困る。
    　　　　　　　　にちようび　　としょかん　　りよう　　　こま
    ・親の立場<u>からすれば</u>、子どもには安定した職に就いてほしい。
    　　たちば　　　　　　　　　　　あんてい　しょく　つ

5. アメリカ、発見してる<u>わけじゃないし</u>、

    ・日本人だからって、納豆が好きな<u>わけじゃない</u>よ。
    　　　　　　　　なっとう
    ・子育てが終わって時間ができたけど、いつも暇って<u>わけじゃない</u>。
    　そだ

6. それがマジョリティーだった<u>わけだし</u>、

    ・待ってる人がいるのだから、早く国に帰りたい<u>わけだ</u>。

    ・長い間海外で暮らしていたから、旅に慣れてる<u>わけ</u>ね。
    　　　　　　　く　　　　　　　　な

7. 少数民族<u>扱い</u>

    ・元気な祖父は、老人<u>扱い</u>されたくないと言う。
    　　　そふ　　ろうじん
    ・もう18歳なのに、叔父に子ども<u>扱い</u>された、ってリサは怒ってる。
    　　　　　　　おじ　　　　　　　　　　　　　　おこ

第13課

103

倒置表現
とう　ち　ひょうげん

　会話では、バスが来るのがおそいとき、「おそいね、バス」のように言うことがよくあります。今まで習ってきた「バス（は）、おそいね」とはことばの順番が違う言い方です。主語や目的語、副詞が文の最後にきたりします。こうした標準の順番とは違うことを倒置と言い、そうした話し方を倒置表現と言います。この教科書には次のような例があります。

1. あのー、静岡あたりと一緒ぐらいみたいだねえ、東京は。（1 課）
しず おか

　←あのー、東京は、静岡あたりと一緒ぐらいみたいだねえ。

2. トリートメントとかしてます？ 自分で。（3 課）

　←自分でトリートメントとかしてます？

3. うん、会社を作ったのね。介護、介護保険の関係。（4 課）
かい ご　　ほ けん

　←うん、介護、介護保険の関係（の）会社を作ったのね。

4. 駄目じゃん、三日坊主で。（5 課）
だ め　　　ぼう ず

　←三日坊主で駄目じゃん。

5. 年金制度は、強いよ、公務員は。（6 課）
ねん きん せい ど　　　こう む いん

　←年金制度は、公務員は強いよ。

6. そう、しかもさ、種類がそんなないでしょ、男もん。（9 課）

　←そう、しかもさ、男もん、種類がそんなないでしょ。

7. 鹿児島行ってみたい、旅行で。（10 課）
か ご しま

　←旅行で、鹿児島行ってみたい。

8. 全然普通に合わせちゃうんです、相手の話に。（11 課）

　←相手の話に、全然普通に合わせちゃうんです。

9. え、やるんだね、ちゃんと。（12 課）

　←え、ちゃんとやるんだね。

10. 壊されたじゃん、環境とかを。（13課）

←環境とかを、壊されたじゃん。

こうした例でわかるように、倒置になるのは、思ったことをまず口に出して言うからです。言った後で、先に言うはずだったことや説明したいことを、急いでつけ加えることになるのです。書きことばでは、考えてから書くので文法の順番どおりになりますが、話しことばでは、十分考える前に、気づいたことや感じたことをまず言うことが多いので、倒置表現も多くなるのです。

話し合おう
（はな　あ）

1. 長谷川さんの卒論のテーマをどう思いますか。
2. 「コロンブスのアメリカ発見」ということを聞いたことがありますか。あなたの出身地では、どんな評価がありますか。
   （ひょう　か）
3. あなたの出身地では少数民族の言語や文化についてどのような政策がとられていますか。
   （せい　さく）

文化ノート コロンブスの評価
（ぶん　か）　　　　　　　　　（ひょう　か）

　コロンブスは、イタリアのジェノバ出身で、1492年にアメリカ大陸を発見した最初のヨーロッパ人として歴史の本などで紹介されてきました。しかし、
（たい　りく）　　　　　　　　　　　（れき　し）　　　　　（しょう　かい）
その後歴史の研究が進んで、実際にはアメリカ大陸を発見した最初のヨー
（ご）（けん　きゅう　すす）　（じっ　さい）
ロッパ人は別の人物だと考えられています。すなわち、11世紀に北欧の海を
（ほく　おう）
おさえていたバイキングの隊長 Leif Erikson をリーダーとする遠征隊が発
（えん　せい）
見したのだという学説が有力になっています。
（がく　せつ）（ゆう　りょく）

　本文の会話で、長谷川さんは、コロンブスが「実際、アメリカ、発見して
るわけじゃないし、上陸はしてない」と、話しています。長谷川さんの「ア
（さ）
メリカ」が北アメリカ大陸を指しているのならその発言は正しいです。コロ
（はつ　げん）
ンブスは、実際には、1492年から1504年の間にカリブ諸島、バハマ諸島、西
（しょ　とう）

インド諸島などを航海し、そのあと、南アメリカ大陸に上陸しています。探検しながら大陸の原住民であるインディアンを虐殺し、集落を破壊してその地を奪っていきました。その後何世紀にも続いた卑劣な植民地化を行ったヨーロッパ人のひとりとして、現在では、あまり肯定的には評価されていません。

　もうひとつ、「大陸発見」という表現が問題です。「発見」ということばは、「カビの中から新しい薬を発見した」のように使われます。つまり、この「発見」は、今まで存在しないと思われていた薬を見つけ出して、明らかにしたことです。ですから、「大陸発見」というと、だれも住んでいなくて、だれにも存在を認められていなかった「大陸」を見つけて世間に知らせたということになります。実際にはこの大陸には、すでに約2万年前にアジア大陸から移動してきたネイティブアメリカンが住んでいました。「コロンブスが大陸を発見した」というと、こうした事実を完全に否定、無視することになります。

　アメリカ側の否定的な評価とは違って、ヨーロッパでの評価は好意的な見方が多いです。コロンブスの歴史的航海が世界中の人や物の動きを盛んにして大きな変化をもたらしたとするものです。のちにアメリカで金や銀が発見されたことで、世界的な規模での貿易がはじまるきっかけを作ったと言われています。また、ヨーロッパ人は、アメリカのインディオの農業のやり方や病気の治療法などにも接するようになり、植物からたくさんの薬を作ることを学んだ、と伝えられています。

用語索引

109

119

● CDの音声データのダウンロード方法

付属のCDの音声は、以下の方法でダウンロードもできます。

① PC・スマートフォンで音声ダウンロード用のサイトにアクセスします。

QRコード読み取りアプリでつぎのQRコードを読み取ってください。

QRコードが読み取れないときは、ブラウザから「https://audiobook.jp/exchange/hituzi」にアクセスしてください。

※ちがうURLからアクセスすると有料になることがあるのでご注意ください。

※URLは正しくご入力ください。

② 表示されたページから、audiobook.jpへの会員登録ページに進みます。

※音声のダウンロードには、audiobook.jpへの会員登録(無料)が必要です。

※すでにアカウントをお持ちの方はログインしてください。

③ 会員登録後、シリアルコードの入力欄に「69212」を入力して「送信する」をクリックします。クリックすると、ライブラリに音源が追加されます。

④ スマートフォンの場合はアプリ「audiobook.jp」をインストールしてご利用ください。

PCの場合は、「ライブラリ」から音声ファイルをダウンロードしてご利用ください。

〈ご注意〉

・PCからでも、iPhoneやAndroidのスマートフォンからでも音声を再生できます。

・音声は何度でもダウンロード・再生することができます。

・書籍に表示されているURL以外からアクセスされますと、音声をご利用いただけません。URLの入力間違いにご注意ください。

・ダウンロードについてのお問い合わせ先：info@febe.jp(受付時間：平日の10～20時)

［編者］

遠藤織枝（えんどう おりえ）

　　元文教大学大学院教授

　　担当：はじめに、音変化のまとめ、第2課

［執筆者］

阿部ひで子（あべ ひでこ）

　　米国コルビー大学東アジア学科学科長、教授

　　担当：第8課、第12課、第13課、

　　　　　第4課文化ノート

小林美恵子（こばやし みえこ）

　　早稲田大学日本語教育研究センター非常勤講師

　　担当：第4課、第5課、第10課

三枝優子（さえぐさ ゆうこ）

　　文教大学文学部准教授

　　担当：第1課、第6課、第9課

髙橋美奈子（たかはし みなこ）

　　琉球大学教育学部准教授

　　担当：第3課、第7課、第11課

髙宮優実（たかみや ゆみ）

　　米国アラバマ大学バーミングハム校外国語外国文学部

　　准教授

　　担当：第1課、第6課、第9課

中島悦子（なかじま えつこ）

　　元国士舘大学21世紀アジア学部教授、同大学大学院

　　グローバルアジア研究科教授

　　担当：第8課、第12課、第13課

本田明子（ほんだ あきこ）

　　立命館アジア太平洋大学言語教育センター教授

　　担当：第4課、第5課、第10課

谷部弘子（やべ ひろこ）

　　東京学芸大学留学生センター特任教授

　　担当：第3課、第7課、第11課

［声の出演］

木引優子

佐野功

土屋杏文

望月志津子

山科圭太

そのまんまの日本語—自然な会話で学ぶ

Learning Japanese Through Everyday Conversationin

Edited by ENDO Orie

発行	2020 年 3 月 25 日　初版 1 刷
定価	2000 円＋税
編者	ⓒ 遠藤織枝
発行者	松本功
装丁者	杉枝友香（asahi edigraphy）
本文組版	株式会社 アサヒ・エディグラフィ
本文イラスト	萱島雄太
印刷・製本所	株式会社 シナノ
発行所	株式会社 ひつじ書房

〒 112-0011 東京都文京区千石 2-1-2　大和ビル 2 階
Tel.03-5319-4916　Fax.03-5319-4917
郵便振替 00120-8-142852
toiawase@hituzi.co.jp　http://www.hituzi.co.jp/

ISBN978-4-89476-921-2

	日本語	英語	韓国語	中国語

第 1 課　桜の開花

本文

	日本語	英語	韓国語	中国語
1	開花（かいか）	coming into bloom	개화 , 꽃이 핌	开花
2	青木（人名）（あおき じんめい）	Aoki (surname)	아오키 (인명)	青木（人名）
3	行きつけ（い）	usual, regular (of a shop, etc.)	단골	常去
4	居酒屋（いざかや）	*izakaya* (Japanese bar)	술집	小酒馆
5	親しい（した）	close (of a friend, etc.)	친한	相熟的
6	店主（てんしゅ）	owner of a bar, store, etc.	가게 주인	店主
7	一気に（いっき）	all at once	한꺼번에 , 단숨에	一下子
8	寒暖（かんだん）	cold and heat	추위와 더위	冷暖
9	差（さ）	difference	차 , 차이	差异
10	2分（ぶ）	(around) two tenths, 20 percent	20 퍼센트	2 成
11	～咲き（ざ）	blooming (to ～ extent, in ～ way)	꽃이 핀 상태 , 개화의 정도	开了～
12	あっという間（ま）	brief period (lit. 'time it takes to say "ah!"')	눈 깜짝할 사이 , 금방	一刹那
13	神田川（かんだがわ）	Kanda River	간다 강 (강 이름)	神田川
14	～沿い（ぞ）	along ～ (of a river, etc.)	～변 (강변 , 도로변 등)	～沿岸
15	フッと	suddenly, spontaneously	문득 , 갑자기	轻轻地
16	全然（ぜんぜん）	at all, totally (with negative predicate); totally, absolutely (with positive predicate)	전혀	完全（不）
17	1輪（りん）	one (輪 = counter for flower buds, blossoms, etc.)	한 송이	1 朵
18	ポコッと	roundly, protrudingly	달랑 , 볼록	形容突出的样子（拟态词）
19	パーッと	entirely, cleanly	확	形容成片的样子（拟态词）
20	興味（きょうみ）	interest (in something), hobby	흥미 , 관심	兴趣
21	桜の前線（桜前線）（さくら ぜんせん さくらぜんせん）	lit.'cherry blossom front' (as they gradually come into bloom from southwest to northeast Japan)	벚꽃 전선 (벚꽃의 개화일이 같은 지역을 선으로 연결한 것)	櫻花前线
22	動き（うご）	movement	이동 , 움직임	动向
23	～なんて	stuff like ～, ～ or whatever (dismissive)	～ 같은 것 (인용을 나타내어 "～ 라는 ", "～ 라니 ", "～ 따위 " 등으로 해석되는 조사)	什么的
24	東京（とうきょう）	Tokyo	도쿄	东京
25	名古屋（なごや）	Nagoya (place name)	나고야	名古屋
26	静岡（しずおか）	Shizuoka	시즈오카	静冈

	日本語	英語	韓国語	中国語
27	あたり	around	주변 , 근처	一带
28	気象的に きしょうてき	in terms of climate	기상적으로 , 날씨상으로	气象上
29	異常だ いじょう	be abnormal, strange	비정상이다	异常
30	ずいぶん	really, very	꽤	非常
31	差 さ	difference	차 , 차이	差异
32	超える こ	exceed, go beyond	넘다	超过
33	いきなり	suddenly	갑자기	突然
34	年寄り としよ	old person	노인	老年人
35	おかしい	funny, strange, weird（おかしくなる＝'come over funny'）	이상한 , 웃긴	不正常（要生病）, 不合适
第1課　自然会話の特徴				
1	丁寧体 ていねいたい	polite form	존댓말 , 높임말	礼貌语体
2	普通体 ふつうたい	plain form	반말	普通语体
3	立場 たちば	position, situation	입장 , 위치	地位
4	丁寧な ていねい	polite, careful	공손한	礼貌
5	上下関係 じょうげかんけい	relative positions in a hierarchy	상하관계	上下级关系
6	ラジオ体操 たいそう	radio calisthenics	라디오 체조	广播体操
7	年代 ねんだい	decade (of life, within a historical century, etc.)	연령대	年龄段
8	短大(5課) たんだい	junior college	단대 (＝단기대학), 전문대와 비슷한 2, 3 년제 대학교	短期大学
9	述べる の	state, report	말하다 , 진술하다	讲述
10	くだけた	casual, informal	편한 , 반말인	平易
11	基本的には きほんてき	basically	기본적으로는	基本上
12	一方 いっぽう	on the other hand	한편	另一方面
13	スタイルシフト	shift from one style (of speaking, etc.) to another	스타일 시프트 (style shift), 존댓말과 반말 간의 전환 (말투의 변환)	语体的转换
14	両方 りょうほう	both	양쪽 , 둘 다	双方
15	必ずしも～ない かなら	not necessarily ～	반드시 ～ 하는 것은 아니다	未必
16	探す(9課) さが	search (for)	찾다	找
17	応対する おうたい	correspond	대하다 , 대응하다	对应
18	逆に ぎゃく	by contrast, on the other hand	반대로	反过来
19	親しみ した	closeness	친근함	亲近
20	意識 いしき	consciousness, idea	의식 , 인식	意识
21	混ぜる ま	mix	섞다 , 혼용하다	混合
22	配慮 はいりょ	care, consideration	배려	顾虑
23	カジュアルな	casual	캐주얼 (casual) 한	随意

	日本語	英語	韓国語	中国語
24	〜感 （かん）	feeling of 〜, sense of 〜	〜 감	〜感
25	バランス	balance	밸런스 (balance)，균형	平衡
26	適切な （てきせつ）	appropriate	적절한	适当的（地）
27	調整する （ちょうせい）	adjust	조정하다，조절하다	调整
28	間柄 （あいだがら）	relationship, terms	사이，관계	关系
29	距離 （きょり）	distance	거리	距离
30	試す （ため）	test (the waters, etc.)	시험 삼아 하다	试探
31	固定する （こてい）	fix, set	고정하다	固定
32	観察する （かんさつ）	observe	관찰하다	观察
	第1課　文化ノート			
1	代表する （だいひょう）	represent	대표하다	代表
2	歌詞 （かし）	lyrics	가사	歌词
3	童謡 （どうよう）	children's song	동요	童谣
4	さくらさくら （童謡のタイトル） （どうよう）	"Sakura, Sakura" (children's song title)	사쿠라 사쿠라 (벚꽃 벚꽃) (동요 제목)	樱花啊樱花啊（儿歌）
5	象徴する （しょうちょう）	symbolize	상징하다	象征
6	琴 （こと）	koto (musical instrument in the zither family)	거문고	古琴
7	音色 （ねいろ）	tone, timbre	음색	音色
8	耳にする （みみ）	hear	듣다	听到
9	発売する （はつばい）	go on sale	발매하다	发售
10	森山直太朗（人名、歌手） （もりやまなおたろう　じんめい　かしゅ）	Moriyama Naotarō (name of a singer)	모리야마 나오타로 (인물，가수)	森山直太朗（人名、歌手）
11	さくら（歌のタイトル） （うた）	"Sakura" (song title)	사쿠라 (벚꽃) (노래 제목)	樱花（歌名）
12	独唱 （どくしょう）	solo singing performance	독창，솔로	独唱
13	AKB48 （アイドルグループ名）	AKB48 (idol group)	에이케이비 포티에이트 (아 이돌 그룹명)	AKB48（偶像组合名称）
14	桜の木になろう （さくら　き） （歌のタイトル） （うた）	"I'll be a sakura tree" (song title)	사쿠라노 키니 나로 (벚나무 가 되자) (노래 제목)	变成樱花树（歌名）
15	嵐（アイドルグループ名） （あらし）　（めい）	Arashi (idol group)	아라시 (아이돌 그룹명)	岚（偶像组合名称）
16	Sakura（歌のタイトル） （うた）	"Sakura" (song title)	Sakura (벚꽃) (노래 제목)	樱花（歌名）
17	タイトル	title	타이틀 (title)，제목	主题
18	地名 （ちめい）	place name	지명	地名
19	桜台（地名） （さくらだい　ちめい）	Sakuradai (place name)	사쿠라다이 (지명)	樱台（地名）
20	桜ヶ丘（地名） （さくら　が　おか　ちめい）	Sakuragaoka (place name)	사쿠라가오카 (지명)	樱之丘（地名）
21	町名 （ちょうめい）	town name	동네 이름	街道名称
22	全国 （ぜんこく）	nationwide	전국	全国
23	各地 （かくち）	all over (lit. 'each place')	각지	各地

	日本語	英語	韓国語	中国語
24	栃木県 とちぎけん	Tochigi prefecture	도치기 현	栃木县
25	さくら市(地名) しちめい	Sakura (city name)	사쿠라 시 (지명)	櫻花市（地名）
26	誕生する たんじょう	be born	탄생하다	诞生
27	名字 みょうじ	surname	성 , 성씨	姓氏
28	桜田(人名・姓) さくらだ じんめい せい	Sakurada (surname)	사쿠라다 씨 (인명 , 성)	櫻田（人名、姓氏）
29	桜井(人名・姓) さくらい じんめい せい	Sakurai (surname)	사쿠라이 씨 (인명 , 성)	櫻井（人名、姓氏）
30	さくら(人名・名) じんめい な	Sakura (given name)	사쿠라 (인명 , 이름)	櫻（人名）
31	調査 ちょうさ	survey	조사 (하다)	调查
32	ランキング	ranking	랭킹 (ranking), 순위	排行榜
33	上位 じょうい	upper level(s)	상위	靠前
34	位置する いち	be located	위치하다 , 차지하다	在（某个位置）
35	美桜(人名・名) みおじんめい な	Mio (given name)	미오 (인명 , 이름)	美櫻（人名）
36	璃桜(人名・名) りおじんめい な	Rio (given name)	리오 (인명 , 이름)	璃櫻（人名）
37	エビ	shrimp	새우	虾
38	桜エビ さくら	sakura shrimp	사쿠라에비 (새우의 일종)	正櫻虾
39	貝 かい	shellfish	조개	贝
40	桜貝 さくらかい	pink tellin (kind of shellfish)	사쿠라가이 (꽃조개)	櫻贝（粉色的双壳贝）
41	かかわる	be involved with	관계가 있다	有关
42	天気予報 てんきよほう	weather forecast	일기예보	天气预报
43	予想 よそう	predict	예상	预测
44	ソメイヨシノ	Yoshino cherry (kind of sakura)	소메이요시노 (왕벚나무)	染井吉野
45	予想日 よそうび	predicted day	예상일	预测日
46	書き込む かこ	write into/onto	쓰다 , 써넣다	写进
47	つなぐ	connect	연결하다	连结
48	梅雨 つゆ（ばいう）	(Japanese) rainy season	장마	梅雨
49	時期 じき	period	시기	时期
50	天気図 てんきず	weather map	기상도 , 날씨지도	气象图
51	示す しめ	indicate	보이다 , 나타내다	表示
52	まねる	imitate	모방하다 , 흉내내다	模仿
53	名づける な	name (give a name to)	명명하다 , 이름짓다	取名
54	沖縄 おきなわ	Okinawa	오키나와	冲绳
55	九州 きゅうしゅう	Kyushu	규슈	九州
56	日本列島 にほんれっとう	Japanese archipelago	일본열도	日本列岛
57	北上する ほくじょう	go north	북상하다	北上
58	満開 まんかい	full bloom	만개 , 활짝 핌	盛开

	日本語	英語	韓国語	中国語
59	新年度 しんねんど	new business/school year (April for most organizations in Japan)	새해 (학년도 , 회계년도 등이 새로 시작하는 해)	新年度
60	待ち望む ま のぞ	eagerly await	손꼽아 기다리다	期待
61	期待感 き たいかん	feeling of expectation	기대감	期待
		第2課　本が大好き		
		本文		
1	出版社 しゅっぱんしゃ	publisher	출판사	出版社
2	同僚 どうりょう	coworker	동료	同事
3	柴田(人名) しばた じんめい	Shibata (surname)	시바타 (인명)	柴田（姓氏）
4	川上(人名) かわかみ じんめい	Kawakami (surname)	가와카미 (인명)	川上（姓氏）
5	清水(人名) しみず じんめい	Shimizu (surname)	시미즈 (인명)	清水（姓氏）
6	そろう	together, all (of them)	모두 , 같이	都
7	休憩時間 きゅうけい じ かん	break time	휴식시간	休息时间
8	読書 どくしょ	reading	독서	看书
9	盛り上がる も あ	get excited	여념이 없다 (" 솟아오르다 ", " 높아지다 " 는 의미에서 어떤 것으로 인해 분위기가 최고조에 달한 상태를 뜻함)	(谈得) 兴起
10	速読する そくどく	speed-read	속독하다	快速阅读
11	岩波新書 いわなみしんしょ	Iwanami Shinsho (imprint of Iwanami Shoten publishing small B6-sized paperbacks of around 200 pages)	이와나미 신서 (출판사 " 이와나미서점 " 에서 시리즈로 출판하는 B6 판 200 쪽 전후의 소형 책 .)	岩波新书（岩波书店面向大众出版的丛书,B6 大小, 通常 200 页左右）
12	立ち読み た よ	reading in the store (without buying) (lit. 'standing and reading')	서서 읽다 (서점에서 책을 사지않고)	站着看书
13	本屋 ほん や	bookstore	책방 , 서점	书店
14	よる	drop by	들르다	顺路经过
15	敵 てき	enemy	적 (강적 , 사회의 적 등)	敌人
16	紙切れ かみき	scrap of paper	종잇조각	纸片
17	単行本 たんこうぼん	lit. 'standalone book,' usually used to refer to newly published books as opposed to smaller paperback reprints known as bunkobon	단행본	単行本
18	はいんだ（＝はいるんだ） (2課)	go in	들어가다	进入
19	そっち	that (one, way, etc.)	그쪽 , 그편	那个
20	緊張する きんちょう	be nervous	긴장하다	紧张
21	半分 はんぶん	half(way)	반 , 절반	一半
22	別 べつ	other, different (one, etc.)	다른	其它
23	書店 しょてん	bookstore	서점	书店
24	なるほど	I see	과연 , 그렇구나 (상대의 말에 감탄하며 맞장구 치는 말)	原来如此

	日本語	英語	韓国語	中国語
25	最近 さいきん	lately, recently	최근 , 요새	最近
26	体力 たいりょく	stamina, energy	체력	体力
27	つらい	tough, draining	힘든	吃不消
28	寝食 しんしょく	sleeping and eating	침식 , 자는 것과 먹는 것	吃饭和睡觉
29	冒険小説 ぼうけんしょうせつ	adventure novel	모험 소설	冒险小说
30	船戸与一（人名、小説家） ふなど よいち じんめい しょうせつか	Funado Yoichi (novelist)	후나도 요이치 (인명 , 소설가)	船户与一（人名、小说家）
31	冒険活劇路線 ぼうけんかつげきろせん	action/adventure style (lit. '(on the) action/adventure (railway) line'	모험 액션 노선 / 쪽	冒险剧路线
32	あの手の て	that kind of	그런 류의	那一类
33	やつ	thing	것 , 물건 ("녀석" 등 사람을 가리키는 경우도 있음)	(此处特指) 作品
34	弱い（＝苦手の意味） よわ	not good with (something)	별로인 , 약한	受不了
35	マッチョな	macho	마초 (macho) 적인	生猛的
36	どんどん	one after another, more and more	계속 (어떤 일이 잇따르는 모양)	接二连三地
37	草の音 くさ ね	sound of the grass (rustling)	풀 바람 소리	草的声音
38	風向き かざむ	wind direction	풍향 , 바람의 방향	风向
39	そこらへん	that way, around there	그런 쪽 , 그런 것	那些
40	描写 びょうしゃ	expression, representation	묘사	描写
41	なかなか	pretty, fairly, rather	상당히 , 꽤	不错
42	現代 げんだい	present day	현대	现代
43	わりと	rather, fairly	비교적	(相对来说) 还算
44	古めかしい ふる	old-fashioned	예스럽다	老式的
45	秘境 ひきょう	unexplored regions	비경 , 신비스러운 장소	秘境
46	はまりやすい	addictive, easy to get absorbed in	중독성이 있는	容易沉迷
47	慣れる な	get used to	익숙해지다	进入状态
48	さっさと（さっさとめくる）	quickly, rapidly (onomatopoeia for pages turning)	휙휙 (책장을 넘기다)	一页页地（翻书的样子）
49	そっちのけ	neglect, ignore (lit. 'push over there')	뒷전	一边儿去
50	早稲田大学 わ せ だ だいがく	Waseda University	와세다 대학교	早稻田大学
51	出身 しゅっしん	place of birth or origin	출신	毕业
52	作家 さっか	writer, author	작가	作家
53	『非合法員』（小説のタイトル） ひごうほういん しょうせつ	*Illegal Operative* (novel title)	" 비합법원 " (소설 제목)	《非合法员》（小说标题）
54	講談社（出版社名） こうだんしゃ しゅっぱんしゃめい	Kōdansha (publisher)	고단샤 (출판사명)	讲谈社（出版社名）
55	～家 か	someone who does ～ (in a professional or accomplished way)	～ 가	～家
56	～として	as a ～	～ 로서	作为～

	日本語	英語	韓国語	中国語
57	デビュー	debut	데뷔 (début〔불어〕)	出道
第2課　自然会話の特徴				
1	強調表現 きょうちょうひょうげん	emphatic expression	강조표현	强调措辞
2	誇張表現 こちょうひょうげん	exaggerated expression	과장표현	夸张措辞
3	盛り上げる も　あ	get excited	(분위기, 흥을) 돋우다, 끌어올리다	活跃气氛
4	興味 きょうみ	interest	흥미, 관심	兴趣
5	引きつける ひ	draw in, capture (lit. 'pull in')	끌다	吸引
6	普通では ふつう	normally	일반적으로는	一般
7	オーバーな	over the top, "too much"	오버 (over) 하는, 과장된	过度
8	大げさな おお	overexaggerated	과장된, 오버하는	夸张
9	完璧に (6課) かんぺき	perfectly, completely	완벽히	完全（原意为"完美"）
10	絶対 (7課) ぜったい	absolutely, definitely	절대, 절대로 (7과)	绝对
11	殺し合う ころ　あ	kill each other	서로 죽이다	互相残杀
12	名づける な	name (give a name to)	명명하다, 이름짓다	冠名
13	互いに たが	mutually, each other	서로	互相
14	～どうし	fellow ～	～끼리, ～간	彼此～
15	後輩 こうはい	underclass student, one's junior (in an organization)	후배	晚辈
16	天才的に (11課) てんさいてき	genius	천재적	天才
17	あくまでも (9課)	to the end, all the way	어디까지나	不过是
18	言い切る い　き	say definitively	단언하다	一口咬定
19	表現 ひょうげん	expression	표현	措辞
20	自分自身 じぶんじしん	myself, yourself, oneself, etc.	자기 자신	自己
21	全然 (7、9課) ぜんぜん	at all, totally (with negative predicate); totally, absolutely (with positive predicate)	전혀	完全（原意为否定）
22	すっごい (=すごい)	very, extremely	엄청, 완전 (구어)	很、非常
23	めっちゃ	very, super (funny, etc.)	엄청, 완전 (구어)	很、非常
24	本来 ほんらい	original	본래, 원래	原本
25	くらべる	compare	비교하다	比较
26	クビになる (7課)	get fired	잘리다, 해고되다	被炒鱿鱼
27	価格 (9課) かかく	price	가격	价格
28	絞る (6課) しぼ	narrow down	좁히다	集中
29	円の形 えん　かたち	round shape, circle	원형, 둥근 모양	圆形
30	傷 きず	flaw, imperfection	상처, 흠	瑕疵
31	まったく	totally, utterly	완전히, 전적으로	全、都（原意为否定）
32	完全に かんぜん	completely	완전히	完全

	日本語	英語	韓国語	中国語
33	雰囲気 （ふんいき）	atmosphere, mood	분위기	气氛
34	話者 （わしゃ）	speaker	화자 , 말하는 이	说话人
35	～のあまり	(because of) too much	~ 한 나머지	实在是太~
第2課　文化ノート				
1	暮らす （く）	live, spend time (with)	살다	生活
2	世の中 （よ　なか）	world, society	세상	人间
3	知識 （ち　しき）	knowledge	지식	知识
4	得る （え）	obtain	얻다	获得
5	退屈な （たいくつ）	be bored	심심한 , 지루한	无所事事
6	大学生協 （＝大学生活協同組合） （だいがくせいきょう）（だいがくせいかつきょうどうくみあい）	university co-op	대학생협 (= 대학생활협동조합)	大学生协（日本的学生超市）
7	連合会 （れんごうかい）	federation	연합회	联合会
8	調査 （ちょう　さ）	survey	조사	调查
9	結果 （けっ　か）	result	결과	结果
10	平均 （へいきん）	average (mean)	평균	平均
11	一方 （いっぽう）	on the other hand	반면 , 한편으로	另一方面
12	～当たり （あ）	per ～, each ～	~ 당	每~
13	商売 （しょうばい）	do business	장사	做生意
14	アルメディア（会社名） （かいしゃめい）	Almedia (company name)	알미디어 (회사명)	AllMedia（公司名）
15	嘆く （なげ）	complain, lament	한탄하다 , 슬퍼하다	感慨
16	新聞記事 （しんぶん　き　じ）	newspaper article	신문기사	新闻报道
17	山口県 （やまぐちけん）	Yamaguchi prefecture	야마구치 현	山口县
18	長門市（地名） （ながと　し　ちめい）	Nagato (city name)	나가토 시 (지명)	长门市（地名）
19	牛小屋 （うしごや）	cowshed	소 외양간	牛棚
20	小屋 （こ　や）	shed	오두막집	窝棚
21	建て替える （た　か）	rebuild	고쳐 짓다 , 개축하다	翻盖
22	カフェ	cafe	카페 (café〔 불어 〕)	咖啡店
23	栃木県 （とち　ぎ　けん）	Tochigi prefecture	도치기 현	栃木县
24	益子町 （まし　こ　まち）	Mashiko (town name)	마시코마치 (지명)	益子町
25	古民家 （こ　みん　か）	traditional rural house	오래된 민가	旧民居
26	懐かしい （なつ）	nostalgic, old-fashioned	그립다 , 옛날 생각이 나다	令人怀念的
27	昭和（1926 年～ 1989 年） （しょう　わ）	Shōwa era (1926–1989)	쇼와 (1926 년 ~1989 년의 일본 연호)	日本年号（1926 年～ 1989 年）
28	古本 （ふるほん）	secondhand book	헌 책	旧书
29	街中 （まちなか）	in the street	시내	路上
30	ぬれる	get wet	젖다	淋湿

	日本語	英語	韓国語	中国語
31	滋賀県 しがけん	Shiga prefecture	시가 현	滋贺县
32	彦根市（地名） ひこねし ちめい	Hikone (city name)	히코네 시（지명）	彦根市（地名）
33	創業 そうぎょう	opening (a store, business, etc.)	창업	创业
34	文化人 ぶんかじん	person of culture	문화인	文化人
35	山形市（地名） やまがたし ちめい	Yamagata (city name)	야마가타 시（지명）	山形市（地名）
36	閉店 へいてん	close (a store, business, etc.)	폐점	歇业
37	専攻 せんこう	major (at college)	전공	专业
38	クラウドファンディング	crowdfunding	크 라 우 드 펀 딩 (crowd funding; 후원, 투자 등을 목적으로 웹 등을 통해 다수의 개인으로부터 자금을 모으는 행위)	互联网众筹
39	改修 かいしゅう	renovate	개수, 수리	改造
40	交流センター こうりゅう	center for interaction, (cultural) exchange, etc.	교류 센터 (center)	交流中心
41	語る かた	speak (about)	이야기하다	讲述
42	青森県 あおもりけん	Aomori prefecture	아오모리 현	青森县
43	八戸市（地名） はちのへし ちめい	Hachinohe (city name)	하치노헤 시（지명）	八户市（地名）
44	中心部 ちゅうしんぶ	city center	중심부	中心
45	市営 しえい	city-run	시영 (시에서 경영하는)	市营
46	八戸ブックセンター はちのへ	Hachinohe Book Center (bookstore)	하치노헤 북 센터	八户图书中心
47	開業 かいぎょう	opening (a store, business, etc.)	개업	开业
48	店内 てんない	in the store	가게 안	店里
49	執筆 しっぴつ	write	집필	执笔
50	個室 こしつ	private room	독실, 개별 룸	单间
51	質 しつ	quality	질 (품질 등)	质量
52	来館者 らいかんしゃ	visitor	내관자, 방문자	顾客
53	超える こ	be more than, exceed	넘다	超过

第3課　美容院にて

本文

	日本語	英語	韓国語	中国語
1	美容院 びよういん	hair salon	미용실	美容（美发）院
2	客 きゃく	customer, client	손님	顾客
3	美容師 びようし	hairdresser	미용사	美发师
4	ヘアスタイル	hairstyle	헤어스타일	发型
5	ボリューム	volume	볼륨	分量
6	パーマをかける	perm (hair), put a perm in	파마하다	烫发
7	ボリューム感 かん	sense of volume	볼륨 (volume) 감	分量多
8	～感 かん	feeling of ～	～ 감	～感

9

	日本語	英語	韓国語	中国語
9	全体的に （ぜんたいてき）	overall	전체적으로	整体上
10	ストレートっぽい	straight	스트레이트 (straight)	直发
11	感じ （かん）	feeling, vibe	느낌	
12	雰囲気 （ふんいき）	atmosphere, mood	분위기	氛围
13	ウェーブ	wave	웨이브 (wave)	曲线
14	毛量 （もうりょう）	amount of hair	머리숱	发量
15	しっかり（ーある）	definitely, really	충분히 (ー있다) (견고함 , 똑똑함 , 확고함을 나타냄)	充足
16	広がる （ひろ）	spread	퍼지다 , 넓어지다	散开
17	ペタっと	flatly	납작하게	塌
18	くっつく	stick (together, to something)	붙다 , 눌리다	紧贴
19	毛質 （けしつ）	type of hair	모질 , 머리카락의 성질	发质
20	重さがある （おも）	have weight	무게가 있다 , 무겁다	分量重
21	かえって	actually, on the contrary	오히려 , 반대로	反而
22	グッと（ー引っ張る） （ひ ぱ）	firmly	쭉 (ー당기다)	一下子 （形容瞬间发力的样子）
23	引っ張る （ひ ぱ）	pull	당기다 , 잡아당기다	拉扯
24	なので	so, therefore	그래서 , 그러니까	所以
25	フワッと	fluffy	풍성하게	蓬松
26	むしろ	actually, on the contrary	차라리 , 오히려	倒不如
27	なるほど	I see	과연 , 그렇구나	原来如此
28	お湯加減 （ゆ かげん）	(hot) water temperature	물 온도	水温
29	傷む （いた）	to be damaged	상하다	受损
30	染める （そ）	dye	염색하다	染
31	トリートメント	treatment (for hair)	트리트먼트 (treatment)	护发素
32	まめに	diligently, regularly	바지런히 , 자주	勤
33	どんどん	more and more, progressively	쑥쑥 (계속되는 모양)	形容进展顺利的样子
34	明るい（髪の色がー） （あか　かみ いろ）	light, cheerful	밝은 (머리 색이 -)	明亮
35	バッサリと	with a chopping motion, drastically （バッサリと切る = 'chop it all off'）	확 , 싹둑	干脆利落地
36	カットする	cut (hair)	커트 (cut) 하다	剪
第3課　自然会話の特徴				
1	擬音語 （ぎ おんご）	onomatopoeic word	의성어	拟声词
2	擬態語 （ぎ たいご）	mimetic word	의태어	拟态词
3	本文 （ほんぶん）	main text	본문	正文
4	質 （しつ）	quality	질 , 성질	质量
5	髪型 （かみがた）	hairstyle	머리 모양 , 헤어스타일	发型

	日本語	英語	韓国語	中国語
6	サラッと	silky	찰랑하게	光滑地
7	サラサラな	silky and long	찰랑찰랑한	光滑的
8	パサッと	dry, rough	부스스하게	毛糙地
9	パサパサな	dry, rough	푸석푸석한	毛糙的
10	ゴワッと	stiff, wiry (of hair)	거칠게	硬梆梆地
11	ゴワゴワな	stiff, wiry and tangled (of hair)	뻣뻣한	硬梆梆的
12	ふんわり	fluffy and soft	풍성하게	柔软的
13	ボリュームアップ	increase in volume (lit. 'volume up')	볼륨 업	增量
14	すとんと	straight (of hair; onomatopoeia for falling straight down)	곧고 매끈하게 (물건이 아래로 툭 떨어지는 소리나 모양을 나타냄)	啪嗒
15	ストレートヘア	straight hair (i.e. not curly)	스트레이트 헤어	直发
16	ポコッと(1課)	roundly, protrudingly	달랑 , 볼똑 (1 과)	形容突出的样子（拟态词）
17	バーッと(1課)	entirely, cleanly	확 (1 과)	形容成片的样子（拟态词）
18	提案 ていあん	proposal	제안	提案
19	助言 じょげん	advice	조언	建议
20	表現 ひょうげん	expression	표현	表达
21	避ける さ	avoid	피하다	回避

第４課　パワフルなお母さん

本文

1	パワフルな	strong-willed, powerful	파워풀 (powerful)	强大的
2	あゆみ(人名) じんめい	Ayumi (given name)	아유미 (인명)	Ayumi（人名,汉字可写作 "步美"、"步" 等）
3	かずと(人名) じんめい	Kazuto (given name)	가즈토 (인명)	Kazuto（人名,汉字可写作 "和人"、"一翔" 等）
4	幼なじみ おさな	childhood friend	소꿉친구 , 어릴 적 친구	青梅竹马
5	母親 ははおや	mother	어머니	母亲
6	介護 かい ご	nursing care	간호	看护
7	介護保険 かい ご ほ けん	nursing care insurance	간호보험 , 요양보험	看护保险
8	チョー	very, totally	엄청 , 완전 , 짱 (구어)	超
9	トンカツ	breaded pork cutlet	돈가스 (トン (豚)+カツ (← cutlet); 돼지고기 튀김)	炸猪排
10	介護施設 かい ご し せつ	nursing home	요양시설	看护设施
11	ケアプラン	care plan	케어 플랜 (care plan), 돌봄 계획	护理计划
12	雇う やと	hire	고용하다	雇佣
13	かずくん(かずとの愛称) あいしょう	Kazu-kun (nickname)	가즈쿤 (인명)	小和（人名、男孩的昵称）
14	とにかく	no matter what, at any rate	어쩄든 , 아무튼 , 하여튼	总之
15	繰り返す く かえ	repeat	되풀이하다 , 반복하다	重复

	日本語	英語	韓国語	中国語
16	おれ	me (informal first-person pronoun, usually male)	나 （주로 남자가 동년배나 아랫사람에게 씀）	我（男性用第一人称）
17	あんた	you (informal second-person pronoun)	너	你
18	あゆちゃん（あゆみの愛称）	Ayu-chan (nickname)	아유짱 （인명）	小步（人名、女孩的昵称）
19	とっさ	suddenly	순간적으로 , 바로	突然
20	印象的	making an impression	인상적	印象深刻
21	根に持つ	hold a grudge	앙심을 품다 , 삐쳐 있다 , 꽁해 있다	怀恨在心
22	合わせる顔がない	be unable to face (someone, out of embarrassment, shame, etc.)	면목이 없다 , 대할 낯이 없다	没面子
第4課　自然会話の特徴				
1	強調	emphasize	강조	强调
2	同調	sympathize, agree	동조 , 동의	附和
3	話者	speaker	화자 , 말하는 이	说话人
4	共感	sympathize	공감	同感
5	雰囲気	atmosphere, mood	분위기	气氛
6	進める	proceed (with), move (something) forward	진행하다	进行
7	理解する	understand	이해하다	理解
8	確認	confirm	확인	确认
9	あいづち	backchannel responses (indicating that the listener is paying attention)	맞장구	搭腔
10	疑問	doubt, disbelief	의문	疑问
11	誤解	misunderstanding	오해	误解
12	解く	resolve, clear up (a misunderstanding, etc.)	풀다	解开
13	意味内容	meaning	의미 내용 , 의미하는 바	语义内容
14	文末形式	sentence ending	문말형식 , 종결형식	句末格式
15	静岡	Shizuoka	시즈오카 （지명）	静冈
16	あたり	around ～	～ 주변 , 근처	～一带
17	東京	Tokyo	도쿄	东京
18	気象的に（1課）	in terms of climate	기상적으로 , 날씨상으로	气象上
19	異常だ（1課）	abnormal, strange	비정상	异常
20	岩波新書	Iwanami Shinsho (imprint of the publisher Iwanami Shoten)	이와나미 신서	岩波新书
21	立ち読み（2課）	reading in the store (without buying) (lit. 'standing and reading')	서서 읽기	站着看书
22	敵（2課）	enemy	적 （강적 , 사회의 적 등）	敌人
23	絶対	absolutely, definitely	절대 , 절대로	绝对

	日本語	英語	韓国語	中国語
24	ミスチル (7課)	Mr. Children (J-pop band)	미스치루 (←ミスターチルドレン (Mr. Children); 미스터 칠드런 (일본의 록밴드 이름))	Mr.Children（日本乐队）
25	～以外 (7課) いがい	except ～	이외	～以外
26	差 (9課) さ	difference	차, 차이	差异
27	腹立つ (腹が立つ) (9課) はらた　はら　た	get angry	화가 나다	生气
28	ゼミ長 (13課) ちょう	seminar leader (in Japanese higher education, a zemi 'semi(nar)' is a small, long-term study group focusing on a particular topic)	제미 (←제미나르 (seminar〔독어〕); 세미나. 교수의 지도를 받으며 특정 테마에 관해 연구, 토론하는 그룹) 의 장 / 대표	课代表
29	コロンブス	(Christopher) Columbus	콜럼버스	哥伦布
	第4課　文化ノート			
1	ジェンダー	gender	젠더 (gender), 성	性别
2	世間 せけん	public, society	세간, 세상	人世间
3	自然に しぜん	naturally	자연스럽게	自然而然
4	規範 きはん	norm	규범	规范
5	～くせに	despite being ～, even though ～ (dismissive or accusatory)	～인 주제에, ～이면서	明明是～却
6	取り除く と　のぞ	remove	없애다	消除
7	一方 いっぽう	meanwhile, on the other hand	한편	
8	語る かた	speak (about)	이야기하다	表述
9	～として	as a ～	～로서	作为～
10	LGBT	LGBT (lesbian, gay, bisexual, and transgender)	성소수자	LGBT（性少数者）
11	ひとくち	single phrase	한마디	一概而论
12	多様 たよう	diverse	다양	多种多样
13	トランスジェンダー	transgender	성전환자	跨性别
14	違和感 い　わ　かん	discomfort, incongruity	거부감, 불편함	别扭
15	性 せい	sex	성	性别
16	わく	frame, category	틀	
17	押しつける お	force (something on someone)	강요하다	强加
18	ホルモン剤 ざい	hormones	호르몬제	激素
19	性別適合手術 せいべつてきごうしゅじゅつ	sex reassignment surgery	성확정 수술	性别转换手术
20	望む のぞ	hope, wish	바라다, 원하다	希望
21	戸籍 こせき	*koseki*, family registry system maintained by government	호적	户籍
22	時点 じてん	point (in time)	시점	时间点
23	生物的に せいぶつてき	biologically	생물학적으로	生物学上的
24	社会的に しゃかいてき	socially	사회적으로	社会学上的
25	性差 せいさ	gender gap	성차, 성별에 따른 차이	性别差异

	日本語	英語	韓国語	中国語
26	ジュディス・バトラー（人名）	Judith Butler (philosopher and gender theorist)	주디스 버틀러 (인명)	朱迪斯·巴特勒（Judith Butler）（美国哲学家）
27	結果	result	결과	结果
28	反映する	reflect	반영하다	反映
29	縛る	bind, restrict	묶다 , 구속하다	束缚
30	共通	share	공통 , 공통적	共通
31	解放する	free	해방하다 , 해방되다	解放
32	耳を傾ける	listen (lit. 'lean an ear to')	귀를 기울이다	倾听
33	互いに	each other	서로	互相
34	努力	effort	노력	努力
	第5課　ラジオ体操			
	本文			
1	ラジオ体操	radio calisthenics	라디오 체조	广播体操
2	職場	workplace	직장 , 회사	工作单位
3	休憩時間	break time	휴식 시간	休息时间
4	同僚	coworker	동료	同事
5	林（人名）	Hayashi (surname)	하야시 (인명)	林（姓氏）
6	水野（人名）	Mizuno (surname)	미즈노 (인명)	水野（姓氏）
7	北原（人名）	Kitahara (surname)	기타하라 (인명)	北原（姓氏）
8	思い出	memory	추억	回忆
9	目覚める	wake up	깨어나다 , 눈뜨다	清醒
10	知恵	wisdom	지혜	智慧
11	部位	part (of the body)	부위	部位
12	短大（＝短期大学）	junior college	단대 (=단기대학), 전문대와 비슷한 2, 3 년제 대학교	短期大学
13	向き	direction	방향	方向
14	NHK	Nippon Hōsō Kyōkai (the Japanese Broadcasting Corporation, Japan's national broadcaster)	NHK (Nippon Hoso Kyokai; 일본 방송 협회 , 일본의 공영 방송)	NHK（日本广播协会）
15	あんた	you (informal second-person pronoun)	너	你（第二人称）
16	ダイエットする	go on a weight-loss program, diet	다이어트 (diet)	减肥
17	三日坊主	quitter, person who rapidly loses interest in things (lit. 'three-day monk')	작심삼일 (오래 지속하지 못함 , 또는 그런 사람)	三天打鱼两天晒网
18	小学生	elementary school student	초등학생	小学生
19	はんこ	seal (used instead of signature)	도장 (- 찍다)	敲章
20	町内	neighborhood	정 (행정구역) 안 , 동네 안	街道里
21	広場	plaza, park	광장	广场

	日本語	英語	韓国語	中国語
22	寝ぼける	be still half-asleep (after waking)	잠이 덜 깨다 , 멍해 있다	睡眠惺忪
23	くるくる坊主 (＝くりくり坊主)	close-shaven haircut	까까머리 , 빡빡머리	光头
24	ランニング (＝ランニングシャツ)	running shirts	러닝 (＝러닝 셔츠 (running shirt))	汗衫
25	短パン (＝短パンツ)	shorts	반바지	短裤
第5課　自然会話の特徴				
1	おれ(6課)	me (informal first-person pronoun)	나 (주로 남자가 동년배나 아랫사람에게 씀)	我 (男性第一人称)
2	公務員(6課)	public employee	공무원	公务员
3	古着屋(6課)	used clothing store	헌 옷 가게 , 중고의류점	旧衣店
4	自称詞	first-person pronoun, self-address term	자칭사 , 자기 자신을 가리키는 말	第一人称
5	おもに	mainly	주로	主要
6	気軽な	casually	가벼운 , 부담 없는	轻松的
7	フォーマルな	formal	포멀 (formal) 한 , 격식을 차린	正式的
8	指す	refer to, indicate (lit. 'point to')	가리키다	哥伦布
9	恵美(人名)(8課)	Emi (given name)	에미 (인명)	惠美 (人名)
10	ホームシック(8課)	homesick(ness)	홈식 (homesick), 향수병	思乡病
11	ゼミ長(10課)	seminar leader (in Japanese higher education, a zemi 'semi(nar)' is a small, long-term study group focusing on a particular topic)	제미 (← 제미나르 (seminar〔 독어〕); 세미나 . 교수의 지도를 받으며 특정 테마에 관해 연구 , 토론하는 그룹) 의 장 / 대표	课代表
12	コロンブス(人名)	(Christopher) Columbus	콜럼버스	哥伦布
13	対称詞	second-person pronoun, word used to refer to an interlocutor	대칭사 , 상대방을 가리키는 말	第二人称
14	特に	especially, in particular	특히	(并不) 特别地
15	引用する	quotation	인용	引用
16	除く	remove	빼다 , 제외하다	除了
17	ほとんど	almost all, almost entirely	거의	几乎
18	目上	superior (in a hierarchy)	윗사람	上级
19	呼びかける	call out (to)	부르다	喊
20	失礼な	impolite	실례되는	失礼
21	名字	surname	성 , 성씨	姓氏
22	先輩	upperclass student, one's senior (in an organization)	선배	前辈
23	部長	division chief	부장 , 부장님	部长
24	地位名	position name	지위명	地位
25	役職名	job title	직무명	职位
26	年上	senior (person older than you)	연상 , 연장자	年长

	日本語	英語	韓国語	中国語
27	親族呼称 しんぞくこしょう	kinship terms	친족 호칭	亲戚称呼
28	年下 としした	junior (person younger than you)	연하 , 연소자	年幼
29	母親 ははおや	mother	어머니 , 모친	母亲
30	行事(8課) ぎょうじ	observance, regular event	행사	活动
31	父親 ちちおや	father	아버지 , 부친	父亲
32	最近 さいきん	recently	최근	最近
	第5課　文化ノート			
1	逓信省 ていしんしょう	Ministry of Communications	체신성	递信省（日本政府二战以前的邮政部门）
2	簡易保険局 かんいほけんきょく	Post Office Life Insurance Bureau	간이보험국	简易保险局
3	株式会社かんぽ生命保険 かぶしきがいしゃ　　せいめいほけん	Japan Post Insurance	주식회사 간포 생명보험	株式会社简保生命保险（邮政民营化后独立出来的保险公司）
4	生命保険 せいめいほけん	life insurance	생명보험	人寿保险
5	保険をかける ほけん	take out insurance	보험을 들다	上保险
6	健康 けんこう	health	건강	健康
7	安定する あんてい	be stable	안정하다 , 안정되다	安定
8	東京 とうきょう	Tokyo	도쿄	东京
9	神田(地名) かんだ　ちめい	Kanda (place name)	간다 (지명)	神田
10	各地 かくち	all over (lit. 'each place')	각지	各地
11	同好会 どうこうかい	association of enthusiasts	동호회	同好会
12	早朝 そうちょう	early morning	조조 , 이른 아침	早上
13	戦争中 せんそうちゅう	during the war (usually referring to WWII)	전쟁중	战争期间
14	国民心身鍛錬運動 こくみんしんしんたんれんうんどう	National Mind and Body Training Movement	국민 심신 단련 운동	国民身心锻炼运动
15	占領する せんりょう	occupy	점령하다	占领
16	GHQ	Supreme Commander for the Allied Powers (overseeing the postwar Allied occupation of Japan)	연합군 총사령부 (General Headquarters)	GHQ（驻日盟军最高司令官总司令部）
17	禁止する きんし	forbid, prohibit	금지하다	禁止
18	新ラジオ体操 しん　　たいそう	New Radio Calisthenics	신 라디오 체조	新广播体操
19	制定する せいてい	establish, enact	제정하다	制定
20	やや	a little, somewhat	약간 , 살짝	稍微
21	普及する ふきゅう	spread, become popular	보급하다	普及
22	中止する ちゅうし	cancel	중지하다	中止
23	再スタート さい	restart	재 스타트 (start), 재개 , 재출발	重新开始
24	老若男女 ろうじゃくなんにょ	everyone (lit. 'old and young, male and female')	남녀노소	男女老幼
25	～を問わず と	regardless of ～	～를 불문하고	不论

	日本語	英語	韓国語	中国語
26	バランス	balance	밸런스 (balance), 균형	平衡
27	筋力 きんりょく	muscle strength	근력	肌肉力量
28	強化する きょうか	strengthen, fortify	강화하다	强化
29	きたえる	train, strengthen	단련하다	锻炼
30	ポイントを置く お	place emphasis (lit. 'the point') on	포인트 (point) 를 두다, 중점을 두다	把重点放在
31	独特の どくとく	unique, unusual	독특한	独特的
32	伴奏 ばんそう	accompany (musically)	반주	伴奏
33	ラジオ体操の歌 たいそう うた	Radio Calisthenics Song	라디오 체조 노래	广播体操乐曲
34	全国ラジオ体操連盟 ぜんこく たいそうれんめい	Radio Exercises (national organization for promoting radio calisthenics)	NPO 법인 전국 라디오 체조 연맹	NPO 法人全国广播体操联盟
35	共催する きょうさい	cosponsor	공동개최하다	共同举办
36	夏期巡回ラジオ体操会 かきじゅんかい たいそうかい	Summer Radio Calisthenics Tour Association (holds special radio calisthenics events in summer)	하계 순회 라디오 체조회	夏季巡回广播体操
37	100万人ラジオ体操祭 まんにん たいそうさい	10 Million Participant Radio Calisthenics Festival (special radio calisthenics event)	100 만인 라디오 체조 대회	100 万人广播体操
38	地域 ちいき	region	지역, 지방	地区
39	イベント	event	이벤트 (event)	活动
40	愛好者 あいこうしゃ	enthusiast	애호가, 팬	爱好者
41	範囲 はんい	range, scope	범위	范围
	第6課 就活			
	本文			
1	就活 しゅうかつ	job-hunting	취직 활동, 취업 준비	求职活动
2	中田(人名) なかた じんめい	Nakata (surname)	나카다 (인명)	中田 (姓氏)
3	村木(人名) むらき じんめい	Muraki (surname)	무라키 (인명)	村木 (姓氏)
4	就職 しゅうしょく	(the act of) job-hunting	취직, 취업	求职
5	目指す めざ	aim	목표로 하다, 노리다	目标
6	一般企業 いっぱんきぎょう	normal company	일반기업	普通公司
7	内定 ないてい	unofficial offer (of employment)	내정 (채용이나 임용이 정식 발표 전에 결정되는 것. 일본 기업에 지원한 사람은 정식 채용 전에 내정을 받는 것이 보통)	录取 (正式公布录取或任用之前的决定。一般在日本企业就职的人，在得到正式录用之前都会先得到内定)
8	おれ	me (informal first-person pronoun)	나 (주로 남자가 동년배나 아랫사람에게 씀)	我 (男性第一人称)
9	やばい	amazing, really good/bad	끝장인, 죽이는, 쩌는 (속어 . 좋은 의미로도 나쁜 의미로도 쓰임)	不错 (原意为糟糕)
10	最近 さいきん	recently	최근	最近
11	完璧に かんぺき	perfectly	완벽히	完全 (原意为完美)
12	絞る しぼ	narrow down	좁히다	集中

	日本語	英語	韓国語	中国語
13	感じ かん	feeling, vibe	느낌 , 양상 , 방향 (어떤 상황을 자기 나름의 표현으로 재정리할 때 사용)	～的样子
14	なんか	somehow, (just) kind of	뭐랄까 , 뭐지 (구어)	总觉得
15	めんどくさい	a hassle	귀찮은	麻烦
16	落ちる お	fail	떨어지다	落榜
17	変な へん	weird, undesirable	이상한	奇怪的
18	辞める や	quit	그만두다	辞职
19	フリーター	"freeter," person who holds a series of casual/part-time jobs	프리터 (freeter←"프리 아르바이트 (free+arbeit+er)"), 자유 알바생	自由职业者
20	保障 ほ しょう	security	보장 , 복지	保障
21	年金 ねんきん	pension	연금	养老金
22	企業年金 き ぎょうねんきん	corporate pension	기업 연금	企业养老金
23	削る けず	cut	깎다 , 줄이다	削减
24	年金制度 ねんきんせい ど	pension system	연금제도	养老金制度
25	減る へ	decrease	줄다	减少
26	新卒採用 しんそつさいよう	hiring (employees) as new graduates (from higher education)	신규 졸업자 채용	应届生录用（名额）
27	厳しい きび	strict, severe	힘든 , 어려운	严格
28	その辺 へん	that area, around there	그저 그런 , 적당한	那边的
29	～ていうか	～ . . . is what I really mean	～ 라고 할까 , 뭐랄까 (구어)	话说
30	何次 なん じ	what round	몇 차	第几次面试
31	うそ	no way (lit. '(that's a) lie')	거짓말 (놀람을 나타내는 감탄사처럼 사용됨)	骗人
32	完全週休二日制 かんぜんしゅうきゅうふつ か せい	two full days off a week	완전 주휴 2일제 , 주 5일 근무제	每周休息 2 天
33	絶対 ぜったい	definite, certain	절대 , 절대적	绝对
34	アイホン	iPhone	아이폰	iPhone
35	アイパット	iPad	아이패드	iPad
36	マジで	seriously	진짜로 (구어)	真的假的
37	支給する し きゅう	provide	지급하다	支付
38	～系 けい	～-type	～ 계열 , ～ 계통	～行业
39	不動産 ふ どうさん	real estate	부동산	房地产
40	超絶 ちょうぜつ	superlative	초절정 (속어 . 다른 것에 비해 유별나게 뛰어나다는 뜻의 " 초절 " 에서 강조를 나타내는 부사로 확장)	超级
41	ホワイト	"white" (a company with good labor practices, as opposed to so-called "black" companies that overwork their employees)	화이트 (white) (화이트 기업)	良心（与压榨员工的 " 黑心 " 企业相反、在劳务方面管理规范的企业）

	日本語	英語	韓国語	中国語
42	株式 かぶしき	stock	주식	股份
43	上場 じょうじょう	be listed (on the stock exchange)	상장 (주식 등을 거래소에 등록하는 일)	上市
44	かなり	really, seriously	꽤 , 상당히	相当
45	利益 りえき	profit	이익	收益
46	好きだねえ す	you sure do like (something), don't you?	좋아하는구나	你很喜欢啊
47	リアルエステート	real estate	리얼 에스테이트 (real estate), 부동산	房地产
第6課　自然会話の特徴				
1	若者ことば わかもの	young people's speech	젊은이들 말	年轻人的措辞
2	地域 ちいき	region	지역 , 지방	地区
3	年代 ねんだい	decade (of life, within a historical century, etc.)	연대 , 연령대	年龄段
4	特定 とくてい	specify	특정	特定
5	集団 しゅうだん	group	집단	集团
6	語彙 ごい	vocabulary	어휘	词汇
7	表現 ひょうげん	expression	표현	表达
8	め(っ)ちゃくちゃ(7課)	very, extremely (funny, etc.) (originally 'messed-up, mixed-up, etc.')	엄청 ("엉망"의 의미에서 정도가 심함을 강조하는 부사로 확장)	太
9	ダサい(7課)	uncool, dowdy	촌스러운 , 없어 보이는 (속어)	土气
10	めっちゃ(9課)	very, extremely (funny, etc.)	엄청 , 완전 , 짱 (구어)	很、非常
11	チョー(4課)	very, totally	엄청 , 완전 , 짱 (구어)	超
12	パワフル(4課)	strong-willed, powerful	파워풀 (powerful)	强大的
13	もともと	original(ly)	원래	原本
14	普通 ふつう	normal(ly)	보통	普通
15	程度 ていど	level,degree	정도	程度
16	現在 げんざい	currently	현재	现在
17	真面目 まじめ	serious, earnest	진심 , 성실	认真
18	省略する しょうりゃく	abbreviate	생략하다	省略
19	中高年 ちゅうこうねん	middle-aged or older	중년과 노년	中老年
20	本来 ほんらい	originally	본래 , 원래	本来
21	一般的な いっぱんてき	general	일반적인	一般性的
22	当たり前 あ　まえ	natural, unexceptional	당연	理所当然
23	緊張する きんちょう	be nervous	긴장하다	紧张
24	基準 きじゅん	standard	기준	基准
25	満たす み	meet (requirements, etc.; lit. 'fill')	충족하다 , 채우다	符合
26	まあまあ	well, I suppose	그럭저럭	马马虎虎

	日本語	英語	韓国語	中国語
27	それなりに	(well, smoothly, etc.) enough	그 나름대로	还行（有其自身的优点）
28	優れる すぐ	be superior	뛰어나다 , 우수하다	优异
29	強め（＝強調の意味） つよ きょうちょう いみ	somewhat emphatic	강조	强调
30	寒がり さむ	person prone to feeling cold	추위를 타는 것 , 또는 그런 사람	怕冷
31	環境 かんきょう	environment	환경	环境
32	ブラック企業 きぎょう	"black" company (a company that overworks and mistreats its employees)	블랙 (black) 기업	黑心企业
33	反対に はんたい	opposite	반대로	相反
34	給料 きゅうりょう	wages, salary	급료 , 급여	工资
35	就職先 しゅうしょくさき	company or organization that hires you, (newly decided) place of employment	취직한 곳 , 직장	工作单位
36	混乱する こんらん	be confused	혼란스러워지다	混乱
37	様子 ようす	appearance, state	모양 , 모습	样子
38	ナ形容詞 けいようし	*na* adjective	na 형용사 (관형형 어미가 na 인 형용사 , 형용동사)	以 "な" 结尾的形容词
39	格好いい かっこう	cool	멋있는 , 잘생긴	帅、酷
40	平板アクセント へいばん	"flat" (word) accent (with no accent nucleus)	평판 악센트 (accent) (둘째 박자에서 올라가 내려오지 않는 악센트형)	平板音型（第一拍为低音，其 余均为高音）
41	発音する はつおん	pronounce	발음하다	发音
42	超 ちょう	super, very	초	超
43	超高速 ちょうこうそく	super high-speed	초고속	超高速
44	超高層 ちょうこうそう	high-rise (lit. 'super high-level')	초고층	超高层
45	超特急 ちょうとっきゅう	super express	초특급	超特急
46	漢語 かんご	Japanese word of Chinese origin	한자어	汉语
47	接頭辞 せっとうじ	prefix	접두사	前缀
48	～として	as a ～	～ 로서	作为～
49	和語 わご	native Japanese word	일본 고유어 , 순수 일본어	日语固有词汇
50	外来語 がいらいご	Japanese word of non-Chinese foreign origin, (historically recent) loanword	외래어	外来语
51	接尾辞 せつびじ	suffix	접미사	后缀
52	文系 ぶんけい	humanities-centric, humanities-type	문과계열	文科
53	医学系 いがくけい	medical (lit. 'medicine-type')	의과계열	医科
54	癒す いや	soothe, heal (often psychologically)	치유하다	治愈
55	ビジュアル	visual (ビジュアル系 = a type of rock music characterized by striking costumes and makeup)	비주얼 (visual)	视觉系
56	オタク	*otaku* (obsessive fan of something)	어떤 분야에 극단적으로 열 중하는 사람 , 광	御宅族

	日本語	英語	韓国語	中国語
57	草食（草を食べる動物のこと。ここでは、積極的ではない人のこと） そうしょく（くさ／た／どうぶつ／せっきょくてき／ひと）	shy or romantically unaggressive (lit. 'herbivorous')	초식 (풀을 먹는 동물 . 여기서는 적극적이지 않은 사람을 뜻함)	草食
58	発音する はつおん	pronounce	발음하다	发音
59	促音 そくおん	gemination	촉음 (" っ ")	促音
第6課　文化ノート				
1	社会人 しゃかいじん	member of (adult) society (excludes children, students, etc.)	사회인 , 직장인	走上社会
2	一般的 いっぱんてき	usual, general	일반적인	一般性的
3	新卒 しんそつ	new graduate	그해 졸업자	应届生
4	採用 さいよう	hiring (employees)	채용	录用
5	試験 しけん	examination, test	시험	考试
6	受ける（＝試験を受ける） う（しけん／う）	sit (an exam), attend (an interview), etc.	보다 (＝ 시험을 보다)	应试
7	転職 てんしょく	change jobs, switch careers	전직	换工作
8	中途 ちゅうと	partway	중도	往届生
9	形式 けいしき	format	형식	形式
10	一斉採用 いっせいさいよう	simultaneous recruiting of new graduates	공개채용 , 공채	统一录用
11	終身雇用 しゅうしんこよう	lifetime employment	종신고용	终身雇佣
12	雇用形態 こようけいたい	employment system	고용형태	雇佣方式
13	インターンシップ	internship	인턴십	实习生
14	励む はげ	strive, make an effort	힘쓰다	鼓励
15	参加する さんか	attend, participate in	참가하다	参加
16	情報 じょうほう	information	정보	信息
17	キャリアセンター	career center (office at a school or university that helps students find jobs after graduation)	취업 정보 센터	职业中心
18	先輩 せんぱい	upperclass student, one's senior (in an organization)	선배	前辈
19	重要 じゅうよう	important	중요	重要的
20	長時間労働 ちょうじかんろうどう	working for long hours	장시간 노동	长时间劳动
21	残業 ざんぎょう	overtime	잔업	加班
22	エントリーシート	job application form (lit. 'entry sheet')	엔트리 시트 (입사지원서)	申请表
23	履歴書 りれきしょ	résumé, CV	이력서	简历
24	筆記試験 ひっきしけん	written examination	필기시험	笔试
25	面接試験 めんせつしけん	interview	면접시험	面试
26	本文 ほんぶん	main text	본문	正文
27	安定する あんてい	be stable	안정되다	安定

	日本語	英語	韓国語	中国語
28	職業 しょくぎょう	occupation, field (of work)	직업	职业
29	志望する し ぼう	desire, request	지망하다	志愿
30	普段 ふ だん	normal(ly)	평소	平时
31	紺色 こんいろ	navy blue	감색 , 어두운 남색	藏青色
32	髪型 かみがた	hairstyle	머리 모양 , 헤어스타일	发型
33	スタイル	style, fashion	스타일 (style)	打扮
34	活動する かつどう	engage in an activity	활동하다	活动
35	個性 こ せい	individuality	개성	个性
36	アピールする	show (something) in its best light (lit. 'appeal (to)')	어필 (appeal) 하다	推销
37	協調性 きょうちょうせい	cooperativeness	협조성	协调性
38	有利な ゆう り	favorable, advantageous	유리한	有利的
39	一律 いちりつ	uniform	일률	一律
40	流れ なが	flow	흐름	流程
41	外資系 がい し けい	foreign-owned company	외국계	外资企业
42	増加 ぞう か	increase	증가	增加
43	対応 たいおう	response	대응 , 대처	应对
44	活動内容 かつどうないよう	activities	활동 내용	活动内容
45	多様化 た ようか	diversify	다양화	多样化
46	グローバル化 か	globalize	글로벌화	国际化
47	～にとって	to ～, viewed from the perspective of ～	~ 에 있어서	对于~来说
48	在学中 ざいがくちゅう	during school (or college)	재학중	在校期间
49	身につける み	learn (lit. 'affix to oneself')	배워 익히다	掌握
50	母語 ぼ ご	mother tongue, native language	모국어	母语
51	複数 ふくすう	multiple	복수	不只一项
52	出身地 しゅっしん ち	place of birth or origin	출신지	籍贯
53	事情 じ じょう	circumstances, conditions	사정	情况
54	幅広い はばひろ	wide, broad	폭넓은	广泛的
55	視野 し や	field of vision, scope	시야	视野
56	新鮮な しんせん	fresh	신선한	新鲜的
57	発想 はっそう	idea, concept	발상	想法
58	魅力的 み りょくてき	appealing, attractive	매력적	有魅力
59	人材 じんざい	personnel, talent	인재	人才
60	得意な とく い な	(area, etc.) with which one has particular skill or expertise	잘하는	擅长的
61	方面 ほうめん	area, direction	방면	方面

	日本語	英語	韓国語	中国語
62	起業 （きぎょう）	found a business	기업 (사업을 일으킴)	创业
63	試す （ためす）	put to the test	시험해 보다	尝试
64	状況 （じょうきょう）	situation, circumstances	상황	情况
65	影響 （えいきょう）	influence	영향	影响
66	今後 （こんご）	in future	금후 , 앞으로	今后
	**第7課 「会社」って「宗教」？**			
	**本文**			
1	宗教 （しゅうきょう）	religion	종교	宗教
2	大城（人名） （おおしろ じんめい）	Ōshiro (surname)	오시로 (인명)	大城（姓氏）
3	仲村（人名） （なかむら じんめい）	Nakamura (surname)	나카무라 (인명)	仲村（姓氏）
4	就職活動 （しゅうしょくかつどう）	job-hunting	취직 활동 , 취업 준비	求职活动
5	～中 （ちゅう）	in the middle of ～	～ 중	正在～
6	説明会 （せつめいかい）	information session	설명회	宣讲会
7	参加する （さんか）	participate	참가하다	参加
9	社風 （しゃふう）	company culture	사풍 , 회사의 기풍	企业文化
8	おれ	me (informal first-person pronoun, usually male)	나 (주로 남자가 동년배나 아랫사람에게 씀)	我（男性第一人称）
9	講演 （こうえん）	speech	강연	演讲
10	やめる	stop, quit, not do	그만하다 , 안 하다	拉倒吧
11	社歌 （しゃか）	company song	사가 , 회사를 상징하는 노래	社歌
12	めちゃくちゃ	very, extremely (funny, etc.) (originally 'messed-up, mixed-up, etc.')	엄청 ("엉망"의 의미에서 정도가 심함을 강조하는 부사로 확장)	实在、太
13	ダサい	uncool, dowdy	촌스러운 , 없어 보이는 (속어)	土气
14	洗脳 （せんのう）	brainwashing	세뇌	洗脑
15	絶対 （ぜったい）	definitely	분명히 , 틀림없이	绝对
16	ミスチル	Mr. Children (J-pop band)	미스치루 (←ミスターチルドレン (Mr. Children); 미스터 칠드런 (일본의 록밴드 이름))	Mr. Children（日本乐队）
17	～以外 （いがい）	except ～	～ 외 , ～ 이외	之外
18	クビになる	get fired	잘리다 , 해고되다	被炒鱿鱼
	**第7課 自然会話の特徴**			
1	重なる （かさ）	overlap	겹치다	重合
2	割り込む (相手の話がまだ終わっていないのに、話し始めてしまうこと) （わ こ／あいて はなし／はな はじ）	talk over, butt in	끼어들다	插嘴
3	偶然 （ぐうぜん）	coincidence	우연	偶然
4	途中 （とちゅう）	partway through	도중 , 중간	途中
5	予測する （よそく）	predict	예측하다	预测

	日本語	英語	韓国語	中国語
6	文節 ぶんせつ	phrase	문절 , 구 (한국어의 띄어쓰기 단위에 대체로 해당)	短语
7	切れ目 き め	break, gap	끊기는 곳	停顿之处
8	終助詞(ね・よ・かなど) しゅうじょし	final particles (expressing modality, speaker attitude, etc.: ね, よ, か, etc.)	종조사 (어말 , 문말에 붙어 의문 , 감탄 , 동의 등 화자의 태도를 나타내는 조사)	句末语气词
9	倒置 とう ち	inversion	도치	倒装
10	ネイティブ(13 課)	native	네이티브 (native), 원주민	母语使用者
11	侵略者(13 課) しんりゃくしゃ か	invader	침략자	侵略者
12	エイリアン	alien	에일리언 (alien)	异邦人
13	鹿児島 か ご しま	Kagoshima	가고시마 (지명)	鹿儿岛
14	最後 さい ご	end	마지막 , 끝	最后
15	はんこ(5 課)	seal (used instead of signature)	도장 (5 과)	印章
16	述語 じゅつ ご	predicate	술어 , 서술어	谓语
17	作りあげる つく	build up	만들어내다	组成
18	必ずしも～ない かなら	not necessarily ～	반드시 ～ 하는 것은 아니다	未必
	第7課　文化ノート			
1	あふれる	overflow, be abundant	넘치다	洋溢
2	日ざし ひ	sunlight	햇살 , 햇볕	阳光
3	映える は	reflect	빛나다	映照
4	希望 き ぼう	hope	희망	希望
5	もえる(きもちが高まる) たか	burn (with), be fired up (about)	불타다 (열정이 높아지다)	昂扬
6	若人 わこうど	young person	젊은이 , 청년	年轻人
7	トヨタ(日本の 車 会社) にほん おくるまがいしゃ	Toyota (Japanese car company)	도요타 (일본 자동차 회사)	丰田 （日本的汽车公司）
8	になう	carry (a burden)	짊어지다	担负
9	つばさ	wings	날개	翅膀
10	日本航空(日本の航空会社) に ほんこうくう に ほん こうくうかいしゃ	Japan Airlines	일본항공 (일본 항공회사)	日本航空 （日本的航空公司）
11	企業 き ぎょう	company	기업	企业
12	シンボル	symbol	심벌 (symbol)	象征
13	ジャーナリスト	journalist	저널리스트 (journalist)	记者
14	弓狩匡純(人名) ゆ がりまさずみ じんめい	Yugari Masuzumi (writer and journalist)	유카리 마사즈미 (인명)	弓狩匡纯 （人名）
15	国歌 こっ か	national anthem	국가	国歌
16	校歌 こう か	school song	교가	校歌
17	謎 なぞ	mystery	수수께끼	谜
18	解く と	solve	풀다	解开
19	大正時代(1912 年～ 1926 年) たいしょう じ だい	Taishō era (1912–1926)	다이쇼 시대 (1912 년 ~1926 년)	大正时代 （1912 年～ 1926 年）
20	社訓 しゃくん	company rules	사훈	社训

	日本語	英語	韓国語	中国語
21	直接 ちょくせつ	directly	직접	直接
22	伝える つた	transmit, communicate	전하다	告诉
23	大企業 だい き ぎょう	big corporation	대기업	大企业
24	～どうし	fellow, comrade	끼리	同志
25	仲間意識 なか ま い しき	sense of fellowship	동료 의식 , 유대감	团队意识
26	昭和時代 しょう わ じ だい (1926 年～ 1989 年)	Shōwa era (1926–1989)	쇼와 시대 (1926 년~1989 년)	昭和时代 (1926 年～ 1989 年)
27	高度経済成長期 こう ど けいざいせいちょう き (1955年から1973年までの経済が盛んになった時期) ざい さか じ き	Japanese economic miracle (period from 1955 to 1973 during which Japan's economy grew rapidly)	고도경제성장기 (1955 년에서 1973 년까지의 경제 호황기)	高度增长期 (1955 年～ 1973 年)
28	集会 しゅうかい	assembly	집회 , 조회	集会
29	全員 ぜんいん	everyone, all employees	전원 , 모두	全体成员
30	飲み会 の かい	drinking party	술자리 , 회식	饮酒派对
31	同僚 どうりょう	coworker	동료	同事
32	肩を組む かた く	be side by side	어깨동무하다	揽着肩膀
33	バブル経済期 けいざい き (1980年から1991年までの経済が活発な時期) かっぱつ	bubble economy period (period from 1980 to 1991 during which Japan experienced an asset price bubble)	버블 (bubble) 경제기 (1980 년에서 1991 년까지의 경제 활성기)	泡沫经济期 (1980 ～ 1991 年 日本经济活跃时期)
34	従業員数 じゅうぎょういんすう	number of employees	종업원 수	员工人数
35	さらに	also, additionally	더욱	进一步
36	全国 ぜんこく	nationwide	전국	全国
37	各地 かく ち	all over (lit. 'each place')	각지	各地
38	習慣 しゅうかん	custom, habit	습관	习惯
39	～として	as a ～	~ 로서	作为～
40	嫌がる いや	dislike	싫어하다	嫌弃
41	日本経済新聞 に ほんけいざいしんぶん	Nikkei (Japanese financial newspaper)	일본경제신문	日本经济新闻 (报纸)
42	景気(経済活動の) けい き けいざいかつどう	(economic) conditions	(경제활동상의) 경기	（经济活动的）景气
43	近年 きんねん	recent years	근년 , 요 몇 해 사이	近年
44	勢い いきお	energy, momentum	기세	气势
45	ブーム	boom	붐 (boom), 성황	潮流
46	古くさい ふる	old-fashioned, stuffy	낡은 , 진부한	老掉牙的
47	イメージ	image	이미지 (image)	形象
48	作詞家 さく し か	lyricist	작사가	作词家
49	作曲家 さっきょく か	composer	작곡가	作曲家
50	曲 きょく	melody	곡 , 멜로디	曲调
51	ポップな	poppy, energetic	팝 (pop) 한 , 경쾌한	POP （极有活力的）

	日本語	英語	韓国語	中国語
		第8課　ホームシック		
		本文		
1	ホームシック	homesick(ness)	홈식 (homesick), 향수병	思乡病
2	アメリカ	(the United States of) America (lit. 'America', but often refers to the USA in particular)	미국	美国
3	長期 ちょうき	long-term	장기	长期
4	滞在 たいざい	stay, residence	체재, 체류	居留
5	恵美(人名) え み じんめい	Emi (given name)	에미 (인명)	惠美（人名）
6	～中 ちゅう	during ～	～ 중	正在～的时候
7	当時 とう じ	at the time	당시	当时
8	体験 たいけん	experience	체험, 경험	体验
9	意外 い がい	surprising, unexpected	의외	意外
10	～に対して たい	with respect to ～, regarding ～	～ 에 대해	对于～
11	感覚 かんかく	feeling, sensibility	감각	感觉
12	知り合い し あ	acquaintance	지인, 아는 사람	熟人
13	～シック	～-sick (wistfully longing for ～, by analogy with 'homesick')	～ 병 ("sick" 에서)	思～病
14	つらい	tough, hard (to endure)	힘든	难受
15	恋しい こい	nostalgic, longing (for)	그리운	想念
16	高熱 こうねつ	high fever	고열	高烧
17	こもる	stay in	틀어박히다	闭门不出
18	鳥インフルエンザ とり	avian influenza	조류 인플루엔자 (influenza), 조류 독감	禽流感
19	別に べつ	(not) especially (used with negative predicate)	딱히, 특별히	（并不）特别地
20	状況 じょうきょう	situation, circumstances	상황	情况
21	ひとり暮らし ぐ	living alone	혼자 삶	独居
22	東京 とうきょう	Tokyo	도쿄	东京
23	よっちゃん(人名) じんめい	Yotchan (nickname)	욧짱 (인명)	人名、昵称（汉字可写作小良、小吉等）
24	寂しい さび	lonely	외롭다	寂寞
		第8課　自然会話の特徴		
1	接続助詞 せつぞくじょ し	(grammatical) conjunction	접속조사	接续助词
2	助詞 じょ し	(grammatical) particle	조사	助词
3	目がさめる め	wake up	깨다, 눈이 뜨이다	醒
4	つなぐ	connect	잇다, 연결하다	连接
5	名づける な	name, give a name to	명명하다, 이름짓다	命名
6	会話文 かい わ ぶん	conversational speech	회화문, 대화문	对话

	日本語	英語	韓国語	中国語
7	視点(13課) してん	viewpoint	시점	视角
8	ほか	other	다른	其他
9	話し手 はな て	speaker	화자 , 말하는 이	说话人
10	聞き手 き て	listener	청자 , 듣는 이	听话人
11	直接 ちょくせつ	directly	직접	直接
12	調子 ちょうし	tone (of voice, etc.)	상태	音调
13	表情 ひょうじょう	expression	표정	表情
14	動作 どうさ	gesture	동작	动作
15	伝わりやすい つた	easy to convey, get across	잘 전달되는	容易懂
16	～てもかまわない	～ing is acceptable (lit. 'even if ～ happens, no one will mind')	～ 해도 상관없는	～也不要紧
17	やわらかい	soft, gentle	부드러운	柔和
18	～によって	depending on ～		根据～
19	同意する どう い	agree	동의하다	同意
20	反応 はんのう	response, reaction	반응	反应
21	効果 こう か	effect	효과	效果
22	あらわす	express, show	나타내다	表现
	第9課　古着とおしゃれ			
	本文			
1	古着 ふる ぎ	used clothing, vintage clothing	헌 옷	旧衣服
2	会社員 かいしゃいん	company employee	회사원	公司职员
3	上田(人名) うえだ じんめい	Ueda (surname)	우에다 (인명)	上田（姓氏）
4	部下 ぶ か	inferior (in a hierarchy)	부하	部下
5	森下(人名) もりした じんめい	Morishita (surname)	모리시타 (인명)	森下（姓氏）
6	休憩時間 きゅうけい じ かん	break period (at work, etc.)	휴식시간	休息时间
7	ファッション	fashion	패션	时尚
8	ぶらぶら	wander around	어슬렁어슬렁 (매장 등을 이 리저리 둘러보는 모양)	闲逛
9	～限り かぎ	based on ～-ing, as far as I could ～	～(하는) 한 , ～(하는) 내에 서는	据我～
10	値段 ね だん	price	값	价格
11	めっちゃ	very, extremely (funny, etc.)	엄청 , 완전 , 짱 (구어)	很
12	だいたい	basically, generally	대체로	基本上
13	かっこいい	cool	멋있는 , 멋진	样子好
14	新品 しんぴん	new (as opposed to used)	신품	新商品
15	間違いない まちが	definite, unquestionable	틀림없는 , 볼 것도 없는	毫无疑问
16	無理 む り	impossible, out of the question	무리 , 불가능	买不起
17	絶対 ぜったい	definitely, absolutely	절대	绝对

	日本語	英語	韓国語	中国語
18	おれ	me (informal first-person pronoun, usually male)	나 (주로 남자가 동년배나 아랫사람에게 씀)	我（男性第一人称)
19	新宿 しんじゅく	Shinjuku (place name)	신주쿠 (지명)	新宿
20	古着屋 ふる ぎ や	used clothing store	헌 옷 가게 , 중고의류점	旧衣店
21	中古 ちゅうこ	used	중고	二手
22	革ジャン かわ	leather jacket	가죽 점퍼 (ジャン←ジャンパー (jumper))	皮夹克
23	～台 だい	～ range (1万円台 = 'between 10,000 and 19,999 yen')	～ 대	～大关
24	定価 てい か	full price, recommended retail price	정가	定价
25	やつ	thing, one	것 , 물건	东西
26	はやり	popular, fashionable	유행	时尚
27	価格 か かく	price	가격	价格
28	特に とく	particularly	특히	（并不）特别地
29	超える こ	be more than, exceed	넘다	超过
30	探す さが	search (for)	찾다	找
31	あちゃー	uh-oh, oh no	아이고 , 어이쿠	要命
32	男もん（男物） おとこ　　おとこもの	men's clothing	남성복 , 남자 옷	男装
33	女もん（女物） おんな　　おんなもの	women's clothing	여성복 , 여자 옷	女装
34	レディース	ladies' clothing	레이디스 (ladies'), 여성의류	女装
35	差 さ	difference	차 , 차이	差距
36	腹立つ（腹が立つ） はら た	get angry	화나다 (화가 나다)	生气
37	種類 しゅるい	kinds, types	종류	种类
38	うらやましい	envious	부러운	羡慕
39	年代 ねんだい	decade (of life, within a historical century, etc.)	연령대	年龄段
40	さらに	also, additionally	더	进一步
41	私服 し ふく	clothing worn in private life (as opposed to uniforms, work clothes, etc.)	사복	私人服装
42	ジャケット	jacket	재킷 (jacket)	夹克
43	いわゆる	so-called	소위	
44	ブレザー的な てき	blazer-like	블레이저 (blazer) 같은 / 비슷한	西装夹克似的
45	雰囲気 ふん い き	mood, feel	분위기	氛围
46	上下 じょうげ	top and bottom	상하 , 위아래	上下
47	あくまでも	to the end, all the way	어디까지나	也不过是
48	絞る しぼ （体を絞って細くする意味） からだ しぼ ほそ い み	slim down	빠지다 , 날씬해지다	保持体型
49	確かに たし	indeed, you're right, it's true	확실히	的确

	日本語	英語	韓国語	中国語
50	がっちりした	solid, brawny	탄탄한	结实
51	似合う にあ	suit, look good	어울리다	适合
52	～関係 かんけい	～-related	～ 관계 , ～ 류	与～相关
53	ごまかす	fake it, brazen it out	속이다 , 숨기다	糊弄
54	幅 はば	width	폭 , 너비	宽度
55	ライン（体の～） からだ	line	라인 (line) (몸 라인)	轮廓
56	ボヨーンと	bong! (onomatopoeia indicating something spilling out, expanding, etc.)	불룩 (배 등이 나온 모양)	肥嘟嘟
57	買い替え かか	replace (with a new purchase)	새로 삼	置换
第9課　自然会話の特徴				
1	関西弁 かんさいべん	Kansai dialect	간사이 사투리	关西腔
2	共通語 きょうつうご	common language	표준어	普通话
3	語彙 ごい	vocabulary	어휘	词汇
4	アクセント	accent	악센트 (accent)	音型
5	音声 おんせい	voice, phone	음성	语音
6	一般的 いっぱんてき	usual	일반적	一般
7	一方 いっぽう	on the other hand	한편	另一方面
8	方言 ほうげん	dialect	방언 , 사투리	方言
9	関西地方（大阪府、京都府、 滋賀県、兵庫県、奈良県、三 重県、和歌山県）	Kansai region (Osaka, Kyoto, Shiga, Hyogo, Nara, Mie, and Wakayama)	간사이 지방 (오사카 부 , 교토 부 , 시가 현 , 효고 현 , 나라 현 , 와카야마 현)	关西地区（大阪府、京都府、滋贺县、兵库县、奈良县、三重县、和歌山县）
10	バラエティ	variety	버라이어티 (variety), 여러 가지	种类
11	京都 きょうと	Kyoto	교토	京都
12	大阪 おおさか	Osaka	오사카	大阪
13	兵庫 ひょうご	Hyogo	효고	兵库
14	奈良 なら	Nara	나라	奈良
15	つまり	in other words	요컨대 , 정리하자면	总之
16	すべて	all	모두 , 전부	全
17	部分 ぶぶん	part	부분	部分
18	表記 ひょうき	(written) representation	표기	书写
19	出身 しゅっしん	place of birth or origin	출신	籍贯
20	観察する かんさつ	observe	관찰하다	观察
21	旅 たび	travel	여행	旅行
22	土地 とち	region, area	지방 , 고장	土地
第9課　文化ノート				
1	もったいない	wasteful	아까운	浪费

	日本語	英語	韓国語	中国語
2	価値 （か ち）	value	가치	价值
3	十分 （じゅうぶん）	fully	충분히	充分
4	生かす （い）	make use of	살리다	利用
5	無駄にする （む だ）	waste	헛되게 하다	浪费
6	共感する （きょうかん）	sympathize	공감하다	同感
7	～として	as a ～	～로서	作为～
8	環境 （かんきょう）	environment	환경	环境
9	分野 （ぶん や）	field	분야	领域
10	ノーベル平和賞 （へい わ しょう）	Nobel Peace Prize	노벨 (Nobel) 평화상	诺贝尔和平奖
11	受賞する （じゅしょう）	receive (a prize)	수상하다	获奖
12	ケニア	Kenya	케냐	肯尼亚
13	環境保護 （かんきょうほ ご）	environmental conservation	환경 보호	环保
14	活動家 （かつどう か）	activist	활동가	活动家
15	ワンガリ・マータイ（人名） （じんめい）	Wangari Muta Maathai (Kenyan activist)	왕가리 마타이 (인명)	旺加里・马塔伊 （Wangari Maathai）（人名）
16	繰り返し （く かえ）	repeatedly	반복해서 , 여러 번	重复
17	再資源化 （さい し げん か）	recycle	재자원화	回收
18	かけがえのない	irreplaceable	둘도 없는 , 매우 소중한	无法取代的
19	資源 （し げん）	resource	자원	资源
20	尊敬する （そんけい）	respect	존경하다	尊敬
21	含む （ふく）	include	포함하다	包含
22	表現する （ひょうげん）	express	표현하다	表达
23	英訳 （えいやく）	translate into English	영역 , 영어번역	英译
24	国連女性地位委員会 （こくれんじょせい ち い いいんかい）	United Nations Commission on the Status of Women	유엔 여성지위위원회	联合国女性地位委员会
25	親 （おや）	parent	부모	父母
26	農家 （のう か）	farmer	농가	农家
27	食べ残す （た のこ）	leave uneaten	다 먹지 않고 남기다	吃剩
28	大量生産 （たいりょうせいさん）	mass production	대량 생산	大量生产
29	大量消費 （たいりょうしょう ひ）	mass consumption	대량 소비	大量消费
30	あふれる	be abundant	흘러넘치다	充斥
31	リサイクル	recycle, recycling	리사이클 (recycle), 재활용	回收
32	可能 （か のう）	possible	가능	可能
33	大型 （おおがた）	large	대형	大型
34	リサイクルショップ	shop selling used goods (lit. 'recycle shop': thrift store, op shop, etc.)	리 사 이 클 숍 (recycle + shop), 재활용품 가게	回收店
35	衣料品 （い りょうひん）	clothing	의류품	衣物

	日本語	英語	韓国語	中国語
36	〜店 てん	〜 store	〜 점 , 〜 가게	〜店
37	回収する かいしゅう	collect	회수하다	回收
38	販売する はんばい	sell	판매하다	销售
39	寄付する きふ	donate	기부하다	捐赠
40	利用する りよう	use	이용하다	利用
41	ぞうきん	dustcloth	걸레	抹布
42	活動 かつどう	activity	활동	活动
43	個人 こじん	individual	개인	个人
44	ネットオークション	online auction	네트 옥션 (net auction), 인터넷 경매	网上拍卖
45	持ち込む も こ	bring (into)	가지고 오다	拿去
46	以前 いぜん	before	이전 , 예전	以前
47	関心 かんしん	interest	관심	关心
48	精神 せいしん	spirit	정신	精神
49	さらに	even more	더욱 , 더욱더	更加
50	広まる ひろ	spread	널리 퍼지다	传播

第10課　九州の女性

本文

	日本語	英語	韓国語	中国語
1	九州 きゅうしゅう	Kyushu	규슈	九州
2	池田(人名) いけ だ じんめい	Ikeda (surname)	이케다 (인명)	池田（姓氏）
3	吉川(人名) よしかわ じんめい	Yoshikawa (surname)	요시카와 (인명)	吉川（姓氏）
4	出張 しゅっちょう	business trip	출장	出差
5	休憩時間 きゅうけい じ かん	break time (at work, etc.)	휴식시간	休息时间
6	山本(人名) やまもと じんめい	Yamamoto (surname)	야마모토 (인명)	山本（姓氏）
7	福岡 ふくおか	Fukuoka (city and prefecture in Kyushu)	후쿠오카 (지명)	福冈
8	博多 はか た	Hakata (ward in Fukuoka)	하카타 (지명)	博多
9	体験 たいけん	experience	경험	体验
10	岩山(人名) いわやま じんめい	Iwayama (surname)	이와야마 (인명)	岩山（姓氏）
11	加わる くわ	be added	더해지다	外加
12	鹿児島 か ご しま	Kagoshima	가고시마 (지명)	鹿儿岛
13	えばる	brag, swagger	ㅇ스대다 , 거들먹거리다 (" 이바루 "의 방언)	自大
14	薩摩おごじょ さつま	woman from Satsuma (an older name for Kagoshima)	가고시마 여성 (마음씨가 곱고 심지가 굳은 여성이라는 이미지가 있음 . " 薩摩 "(사쓰마) 는 가고시마의 옛 이름)	萨摩姑娘
15	我慢強い が まんづよ	able to endure suffering	참을성 있는	忍耐力强
16	表面的に ひょうめんてき	superficially	표면적으로	表面上

	日本語	英語	韓国語	中国語
17	たてる	prop up, support	치켜세우다	给面子
18	裏 うら	behind the scenes (lit. 'back,' 'rear')	납득이 가지 않다 , 찝찝하다	不明白
19	ちゃんと	firmly, securely	착실하게 , 제대로	稳妥地
20	手綱を握る たづな にぎ	hold the reins	고삐를 쥐다 , 칼자루를 쥐다	背地里
21	引っ張る ひっ ぱ	pull	당기다 , 잡아당기다	拉扯
22	腑に落ちない ふ お	unconvincing, hard to understand (lit. 'doesn't fall into the gut')	납득이 가지 않다 , 찝찝하다	不明白
23	表 おもて	openly, out front (lit. 'front')	겉 , 밖	表面上
24	なにしろ	after all, in the end	어쨌든 , 다른 건 둘째 치고	毕竟
25	なるほど	I see	과연 , 역시 , 그렇구나	原来如此
26	焼酎 しょうちゅう	*shōchū* (distilled liquor that can be made from rice, barley, sweet potatoes, etc.)	소주	烧酒
27	ぶっ倒れる たお	keel over, pass out	쓰러지다	倒下
28	だらしない	weak, pathetic	칠칠치 못한	不像话
29	乱暴 らんぼう	violent	난폭함 , 거침	粗鲁
30	おかしい	funny, strange, weird（おかしくなる＝'come over funny')	이상한 , 웃긴	不正常（要生病），不合适
31	口調 くちょう	tone of voice	말투	语气
32	きつい	sharp, pointed (of a way of speaking)	험하다	苛刻
33	方言 ほうげん	dialect	방언 , 사투리	方言
34	地域 ちいき	region	지역 , 지방	地区
35	叱る しか	scold	혼내다	责骂
36	早口 はやくち	fast-talking	말이 빠름	语速快
37	強烈な きょうれつ	intense	강렬	强烈
	第10課　自然会話の特徴			
1	あいまい	ambiguous, vague	애매	暧昧
2	本文(テキスト中の中心の文章のこと) ほんぶん ちゅう ちゅうしん ぶん しょう	main text	본문	正文
3	避ける さ	avoid	피하다	回避
4	表現 ひょうげん	expression	표현	措辞
5	あいまい	vague, ambiguous	애매	暧昧
6	ボリューム感(3課) かん	sense of volume	볼륨 (volume) 감	分量多
7	トリートメント(3課)	treatment (for hair)	트리트먼트 (treatment)	护发素
8	絶対(7課) ぜったい	definitely, absolutely	절대 (7 과)	绝对
9	気象的に(1課) き しょうてき	in terms of climate	기상적으로 , 날씨상으로	气象上
10	異常だ(1課) い じょう	be abnormal, strange	비정상이다	异常
11	ブレザー的な(9課) てき	blazer-like	블레이저 (blazer) 같은 / 비슷한	西装夹克似的

	日本語	英語	韓国語	中国語
12	雰囲気 （ふんいき）	atmosphere, mood	분위기	气氛
13	秘境（2課） （ひきょう）	unexplored regions	비경 , 신비스러운 장소	秘境
14	疑問形 （ぎもんけい）	interrogative form	의문형	疑问形式
15	文末 （ぶんまつ）	end of the sentence	문말 , 문장 끝	句末
16	最後 （さいご）	end	마지막 , 끝	最后
17	言い切る （いきる）	say completely	단언하다 , 말을 맺다	断言
18	おもに	mainly, chiefly	주로	主要
19	同調 （どうちょう）	sympathize	동조 , 동의	附和
20	判断 （はんだん）	judgment	판단	判断
21	主張 （しゅちょう）	position, claim	주장	主张
22	ダイエットする	go on a weight-loss program, diet	다이어트하다	减肥
23	ラジオ体操（5課） （たいそう）	radio calisthenics	라디오체조 (5 과)	广播操
24	敵（2課） （てき）	enemy	적 (강적 , 사회의 적 등)	敌人
25	草の音 （くさ　ね）	sound of the grass (rustling)	풀 바람 소리	草的声音
26	風向き（2課） （かざむ）	wind direction	풍향 , 바람의 방향	风向
27	そこらへん	that area	그런 쪽 , 그런 것	那一带
28	描写（2課） （びょうしゃ）	expression, representation	묘사	描写
29	なかなか	considerably, quite	상당히 , 꽤	非常

第11課　驚くべきコミュニケーション術

本文

	日本語	英語	韓国語	中国語
1	～術 （じゅつ）	～ skills, ～ technique	~ 술 , ~ 기술	～术
2	小川（人名） （おがわ　じんめい）	Ogawa (surname)	오가와 (인명)	小川（姓氏）
3	後輩 （こうはい）	underclass student, one's junior (in an organization)	후배	晚辈
4	外出 （がいしゅつ）	errand, client meeting, etc. (lit. 'going outside')	외출	外出
5	車中 （しゃちゅう）	in (the) car	차내 , 차 안	车中
6	同僚 （どうりょう）	coworker	동료	同事
7	クマちゃん （熊田のニックネーム） （くまだ）	Kuma-chan (nickname)	구마짱 (구마다의 별명)	小熊（熊田的昵称）
8	全然（①全然～知らない。②全然～あわせちゃう。） （ぜんぜん）	①at all, totally (with negative predicate); ②totally, absolutely (with positive predicate)	진혀 (원래 "①전혀 모르다" 처럼 부정적 표현과 같이 사용되는 부사이나 "②전혀 (잘) 맞다"와 같이 긍적적 표현에도 사용됨	完全（①完全～不知道。②完全～配合。）
9	合わせる（話を～） （あ　はなし）	fit, shape a conversation to suit the other participant(s)	이야기를 맞추다 , 대화를 잘 끌고 가다	附和别人的话
10	天才的に （てんさいてき）	like a genius	천재적으로	天才
11	完全に （かんぜん）	completely	완전히	完全
12	～の身になって （み）	put yourself in ～'s shoes	~ 의 입장이 되어	设身处地

33

	日本語	英語	韓国語	中国語
13	みごとに	remarkably, superbly	멋지게 , 완벽하게	完美
14	さも	just as if	자못 , 마치	简直
15	知ったか（知ったかぶり）	pretending to know something	아는 척	仿佛知道的样子
16	疑う	doubt	의심하다	怀疑
17	なるほど	I see	과연 , 그렇구나	原来如此
18	疑いをかける	cast doubt (on)	의심을 품다	怀疑
第11課　自然会話の特徴				
1	あいづち	backchannel responses (indicating that the listener is paying attention)	맞장구	搭腔
2	本文	main text	본문	正文
3	応答する	respond	응답하다	应答
4	発話	utterance	발화	发声
5	～上	in terms of ～, for ～	～ 상	在～方面
6	働き	role, function	작용 , 기능	功能
7	表現	expression	표현	表达
8	感心する	like, be interested (in)	감탄하다	佩服
9	確認する	seek confirmation	확인하다	确认
10	同意する	agree	동의하다	同意
11	納得する	accept, be convinced	납득하다 , 이해하다	接受
12	合間	gap	틈 , 사이	间隙
13	反応	response	반응	反应
14	前後	context	전후 , 앞뒤	前后
15	すべて	all	모두 , 전부	全
16	興味	interest	흥미 , 관심	兴趣
17	伝える	transmit, communicate	전하다	告诉
18	サイン	sign	사인 (sign)	信号
19	他人	another (person)	타인 , 남	别人
20	繰り返し	repetition	반복 , 되풀이	重复
21	さらに	in addition	더욱이	更
22	上下	up and down	상하 , 위아래	上下
23	ジェスチャー	gesture	제스처 (gesture)	手势
24	うなずき	nod	고개를 끄덕임	点头
25	理解する	understand	이해하다	理解
26	あらわす	express, show	나타내다	表示

	日本語	英語	韓国語	中国語
第12課　節分と恵方巻き				
本文				
1	節分（せつぶん）	Setsubun (a Japanese observance on February 3, the last day before spring on the traditional calendar)	절분 (철이 갈리는 날 . 입춘 , 입하 , 입추 , 입동의 전날 . 특히 입춘 전날)	立春前一天
2	恵方巻き（えほうま）	*ehō-maki* (a kind of sushi roll eaten on Setsubun)	에호마키 (입춘 등 절분에 먹는 말이초밥의 일종)	立春、立秋之日食用的一种寿司卷
3	同僚（どうりょう）	coworker	동료	同事
4	石田（人名）（いしだ じんめい）	Iwata (surname)	이시다 (인명)	石田（姓氏）
5	佐々木（人名）（さ さ き じんめい）	Sasaki (surname)	사사키 (인명)	佐佐木（姓氏）
6	山中（人名）（やまなか じんめい）	Yamanaka (surname)	야마나카 (인명)	山中（姓氏）
7	職場（しょく ば）	workplace	직장 , 회사	工作单位
8	それぞれ	each (of them)	각각	各自
9	家庭（か てい）	household	가정	家庭
10	別に（べつ）	(not) especially (with negative predicate) unremarkably, "it's nothing special, just . . ." (with positive predicate)	그냥	（并不）特别地
11	豆まき（まめ）	bean-throwing (a Setsubun tradition)	콩 뿌리기 (절분에 액막이로 " 福は内、鬼は外 "(복은 안으로 , 귀신은 밖으로) 라고 외치며 볶은 콩을 뿌리는 문화)	撒豆
12	ちゃんと	properly	착실하게 , 제대로	认真地
13	一応（いちおう）	in our way, at a bare minimum, etc.	일단	姑且
14	年齢（ねんれい）	age	연령 , 나이	年龄
15	落花生（らっ か せい）	peanuts	낙화생 , 땅콩	花生
16	まく	toss, scatter	뿌리다	撒
17	テトラパック	Tetra Pak (a kind of food packaging)	테트라 팩 (Tetra Pack; 상표명). 우유팩 같은 종이 용기)	利乐包装（一种食物包装）
18	袋（ふくろ）	bag	주머니 , 봉지	袋子
19	～ごと	each ～	~ 째	连～一起
20	懐かしい（なつ）	nostalgic	그립다 , 옛날 생각이 나다	令人怀念
21	行事（ぎょう じ）	observance, regular event	행사	活动
22	近所（きんじょ）	neighborhood	근처 , 이웃	附近
23	鬼は外（おに そと）	"*Oni* out!" (chanted on Setsubun while throwing beans to keep the ogres known as oni out of the house)	귀신은 밖으로 (물러나라)	鬼出去
24	～中（じゅう）	throughout ～	온 ～ (온 동네 , 온 세상)	～到处
25	いきわたる	reach, extend to	널리 퍼지다	走遍
26	普通（ふつう）	normal(ly)		普通

	日本語	英語	韓国語	中国語
27	あんな	that kind of	그런	那样的
28	関西 かんさい	Kansai region (Osaka, Kyoto, Shiga, Hyogo, Nara, Mie, and Wakayama)	간사이 (지방)	关西
29	ドラえもん	Doraemon (Japanese cartoon character)	도라에몽 (만화)	哆啦 A 梦
30	宣伝 せんでん	advertising	선전 , 광고	宣传
31	冷凍 れいとう	frozen	냉동	冷冻
32	生協 せいきょう	co-op	생협 (생활협동조합)	生活协同组合（超市）
33	ピンキリ	(of food) "with everything"	최상급에서 최하급까지 (" 핀 에서 키리까지 " 의 준말), 천차만별	各种各样
34	やつ	thing, one	것 , 물건	玩意儿
35	海鮮 かいせん	seafood	해산물	海鲜
36	平気 へいき	blithe, unblinking	예사 , 아무렇지도 않음	好意思
37	結局 けっきょく	ultimately, in the end	결국	到头来
38	かぶりつく	bite, chomp	물어뜯다	咬
39	方角 ほうがく	direction	방향 , 방위	方位
40	食べ切る た き	eat completely	(남기지 않고) 다 먹다	吃完
41	しゃべる	talk	말하다 , 수다떨다	说话
	第12課　自然会話の特徴			
1	助詞(例：「が」「は」「を」 「に」「へ」「と」「で」「から」 「まで」「より」など)	particles (e.g. が, は, を, に, と, で, から, まで, より)	조사 (「가」 , 「는」 , 「를」 , 「에」 , 「에」 , 「과」 , 「에서」 , 「에서」 , 「까지」 , 「보다」 등)	助词（「が」「は」「を」「に」「へ」「と」「で」「から」「まで」「より」等等）
2	省略 しょうりゃく	omission	생략	省略
3	文章 ぶんしょう	sentence	글	文章
4	会話文 かいわぶん	(spoken) conversation	회화문	对话
5	主題 しゅだい (例：「冬は寒い」の「冬は」) ふゆ さむ ふゆ	topic (e.g.「冬は」in the sentence 冬は寒い 'Winter is cold,')	주제 (「冬は寒い」(겨울은 춥다) 에서 「冬は」)	主题（例："冬天冷"的"冬天"）
6	パワフル(4課)	strong-willed, powerful	파워풀 (powerful)	强大的
7	目的語(例：「パンを食べた」 もくてきご た の「パンを」)	object (e.g.「パンを」in the sentence パンを食べる '(I) eat bread,')	목적어 (「パンを食べた」(빵을 먹었다) 에서 「パンを」)	目的语（例：「パンを食べた」的「パンを」）
8	岩波新書(2課) いわなみしんしょ	Iwanami Shinsho (imprint of the publisher Iwanami Shoten)	이와나미 신서 (2 과)	岩波书（岩波书店面向大众出版的丛书，B6 大小，通常 200 页左右）
9	立ち読み(2課) た よ	reading in the store (without buying) (lit. 'standing and reading')	서서 읽기	站着看书
10	主語(例：「子どもが遊んでい しゅご あそ る」の「子どもが」)	subject (e.g.「子どもが」in the sentence 子どもが遊んでいる 'Children are playing,')	주어 (「子どもが遊んでいる」(아이가 놀고 있다) 에서 「子どもが」)	主语（例：「子どもが遊んでいる」的「子どもが」）
11	感じ かんじ	feeling, vibe	느낌	
12	ひとり暮らし(8課) ぐ	living alone	혼자 삶	独居
13	東京 とうきょう	Tokyo	도쿄	东京

	日本語	英語	韓国語	中国語
14	動作 どう さ	action	동작	动作
15	方向 ほうこう (例:「東京に／へ行く」の「に ／へ」は方向を表す助詞) とうきょう　い　ほうこう　あらわ　じょし	direction (e.g.「に／へ」in the sentence 東京に／へ行く '(I) will go to Tokyo,')	방향 (「東京に／へ行く」(도쿄에 / 로 가다) 에서「に／へ」)	方向（例:「東京に／へ行く」的「に／～」）
16	説明会(7課) せつめいかい	information session	설명회	宣讲会
17	到着点(例:「日本に着いた」 とうちゃくてん の「に」) つ	destination (e.g.「に」in the sentence 日本に着いた '(I) arrived in Japan,')	도착점 (「日本に着いた」(일본에 도착했다) 에서「に」)	目的地（例:「日本に着いた」的「に」）
18	はいんだ(＝はいるんだ) (2課)	go in	들어가다	进入
19	変な(6課) へん	weird, undesirable	이상한	奇怪的
20	辞める(6課) や	quit	그만두다	辞职
21	フリーター(6課)	"freeter," person who holds a series of casual/part-time jobs	프리터 (freeter←"프리 아르바이터 (free+arbeit+er)"), 자유 알바생	自由职业者
22	変化(例:「信号が青になる」 へんか　しんごう　あお の「なる」につく「に」)	change (e.g.「に」in the sentence 信号が青になる 'The traffic light turns green,')	변화 (「信号が青になる」(신호가 청색이 되다) 에서「なる」(되다) 앞에 오는「に」)	变化助词（例:「信号が青になる」的「に」）
23	少数民族扱い(13課) しょうすうみんぞくあつか	being treated like an ethnic minority	소수민족 취급	当作少数民族
24	比べる(例:「雨は降っていま くら　あめ すが、雪は降っていません」 ゆき のような「雨は」「雪は」の 「は」)	comparison (e.g.「は」in the sentence 雨は降っていますが、雪は降っていません 'It is raining, but not snowing,' the particle は marks both 雨 'rain' and 雪 'snow')	비교하다 (「雨は降っていますが、雪は降っていません」(비는 오지만 눈은 오지 않습니다) 에서「雨は」(비는),「雪は」(눈은) 의「は」)	比较
25	企業年金(6課) きぎょうねんきん	corporate pension	기업 연금	企业养老金
26	削る(6課) けず	cut	깎다 , 줄이다	削减
	第12課　文化ノート			
1	季節 き せつ	season	계절	季节
2	以前 い ぜん	previously	이전 , 예전	以前
3	立春 りっしゅん	Risshun (beginning of spring in traditional calendar)	입춘	立春
4	立夏 りっ か	Rikka (beginning of summer in traditional calendar)	입하	立夏
5	立秋 りっしゅう	Risshū (beginning of autumn in traditional calendar)	입추	立秋
6	立冬 りっとう	Rittō (beginning of winter in traditional calendar)	입동	立冬
7	福豆 ふくまめ	roasted soybeans (lit. 'lucky beans')	절분에 뿌리는 볶은 콩	福豆
8	豆 まめ	beans	콩	豆子
9	準備 じゅん び	prepare	준비	准备
10	煎る い	roast	볶다	炒
11	大豆 だい ず	soybeans	대두 , 콩	黄豆
12	神棚 かみだな	*kamidana* (household Shinto altar)	신을 모시기 위해 집 안에 설치해 놓은 제단	神龛
13	供える そな	place (on an altar, grave, etc.) as an offering	바치다 , 올리다	供奉

	日本語	英語	韓国語	中国語
14	伝統的な でんとうてき	traditional	전통적인	传统的
15	鬼 おに	*oni*, ogre	귀신 , 악귀	鬼
16	真夜中 ま よ なか	in the dead of night	한밤중	半夜
17	父親 ちちおや	father	아버지 , 부친	父亲
18	役目 やくめ	role	역할 , 책임	任务
19	奥 おく	inner	안쪽 , 안방	里面
20	順番 じゅんばん	one by one	순서	顺序
21	福は内 ふく うち	"Fortune in!" (chanted on Setsubun to keep good fortune within the household)	복은 안 (으로 들어오라)	福进来
22	～として	as a ～	～ 로서	作为～
23	厄除け やくよ	ward against evil	액막이 , 액풀이	驱邪
24	願う ねが	wish (for)	바라다 , 빌다	许愿
25	恵方 え ほう	fortunate direction	길방 , 길한 방향	吉利的方位
26	すなわち	in other words	즉 , 다시 말해	也就是
27	黙る だま	in silence	말없이 , 잠자코	不出声
28	願いごと ねが	wish	소원 , 소원을 비는 일	愿望
29	かなう	come true	이루어지다	实现
30	江戸時代(1603 年～1867 年) え ど じ だい	Edo period (1603–1867)	에도 시대 (1603 년 ~1867 년)	江户时代（1603 年～ 1867 年）
31	後期 こう き	late (of a time period)	후기	晚期
32	明治時代(1868 年～1912 年) めい じ じ だい	Meiji era (1868–1912)	메이지 시대 (1868 년 ~1912 년)	明治时代（1868 年～ 1912 年）
33	初期 しょ き	early (of a time period)	초기	早期
34	大阪 おおさか	Osaka	오사카	大阪
35	商人 しょうにん	merchant	상인 , 장사꾼	商人
36	商売繁盛 しょうばいはんじょう	success in business	장사가 번창하는 것 , 대박	生意兴隆

第13課　卒論コロンブス

本文

	日本語	英語	韓国語	中国語
1	卒論(＝卒業論文) そつろん　　そつぎょうろんぶん	graduation thesis	졸업논문	毕业论文
2	コロンブス	(Christopher) Columbus	콜럼버스 (Columbus)	哥伦布
3	同級生 どうきゅうせい	classmate, person in same year at school	동급생 , 동기	（同年级的）同学
4	長谷川(人名) は せ がわ じんめい	Hasegawa (surname)	하세가와 (인명)	长谷川（姓氏）
5	古井(人名) ふるい じんめい	Furui (surname)	후루이 (인명)	古井（姓氏）
6	学食(＝学生食堂) がくしょく　　がくせいしょくどう	cafeteria, dining hall	학식 (＝ 학생식당)	学生食堂
7	それぞれ	each (of them)	각각	分别
8	テーマ	theme, topic	테마 (Thema〔독어〕), 주제	主题
9	進み具合 すす ぐ あい	progress, how (something) is going	진행 정도 / 상황	进展

	日本語	英語	韓国語	中国語
10	方向 ほうこう	direction	방향	方向
11	もともと	originally	원래	原本
12	うち（＝自分） じぶん	me (informal first-person pronoun, usually female)	나 (1 인칭 대명사처럼 쓰임)	我
13	アフリカ	Africa	아프리카	非洲
14	音楽 おんがく	music	음악	音乐
15	グローバリゼーション	globalization	글로벌리제이션 (globalization), 세계화	全球化
16	広がる ひろ	spread	퍼지다	传播
17	練り直し ね なお	rework, revise	재검토 , 새로 갬	重写
18	段階 だんかい	stage	단계	阶段
19	ゼミ長 ちょう	seminar leader (in Japanese higher education, a zemi 'semi(nar)' is a small, long-term study group focusing on a particular topic)	제미 (← 제미나르 (seminar〔 독어 〕); 세미나 . 교수의 지도를 받으며 특정 테마에 관해 연구 , 토론하는 그룹) 의 장 / 대표	课代表
20	結論 けつろん	conclusion	결론	结论
21	やつ	person, guy	녀석 , 놈	人
22	それとも	or	아니면 , 혹은	还是
23	民族 みんぞく	ethnic group	민족	民族
24	絡める から	bring in, involve	관련짓다	结合
25	視点 し てん	viewpoint	시점	角度
26	確かに たし	indeed, you're right, it's true	확실히 (여기서는 상대방의 말에 동의하며 맞장구치는 말)	确实
27	アメリカ	America, or the United States of America in particular	미국	美洲
28	ヨーロッパ	Europe	유럽	欧洲
29	～側 がわ	the ～ side	～ 측 , ～ 쪽	～方面
30	歴史 れき し	history	역사	历史
31	英雄 えいゆう	hero	영웅	英雄
32	普通 ふ つう	normal(ly)	보통	普通
33	発見する はっけん	discover	발견하다	发现
34	実際 じっさい	in reality	실제 , 실제로	实际
35	上陸 じょうりく	make landfall	상륙	登陆
36	ネイティブ	native	네이티브 (native), 원주민	消极
37	侵略者 しんりゃくしゃ	invader	침략자	侵略者
38	エイリアン	alien	에일리언 (alien)	异邦人
39	立場 たち ば	standpoint	입장	立场
40	おれ	me (informal first-person pronoun, usually male)	나 (주로 남자가 동년배나 아랫사람에게 씀)	我（男性第一人称）
41	ヒーロー	hero	히어로 (hero), 영웅	英雄

	日本語	英語	韓国語	中国語
42	感じ かん	feeling, vibe		感觉
43	最終的に さいしゅうてき	ultimately	최종적	最終的
44	学ぶ まな	learn	배우다	学习
45	正義 せい ぎ	justice	정의	正义
46	インディアン	Native American	인디언 (Indian)	印第安
47	壊す こわ	destroy	파괴하다	破坏
48	環境 かんきょう	environment	환경	环境
49	結局 けっきょく	ultimately	결국	结局
50	他者 た しゃ	other (person)	타자 , 다른 사람	局外人
51	少数民族扱い しょうすうみんぞくあつか	being treated like an ethnic minority	소수민족 취급	作为少数民族
52	マジョリティ	majority	머조리티 (majority), 다수파	多数
53	記録 き ろく	record	기록	记录
54	あさる	pore over, sift through	찾아다니다	搜寻
第13課　自然会話の特徴				
1	倒置表現 とう ち ひょうげん	inverted expression	도치표현	倒装句
2	順番 じゅんばん	order	순서	顺序
3	主語(例：「子どもが遊んでいる」の「子どもが」が主語)	subject (e.g.「子どもが」in the sentence 子どもが遊んでいる 'Children are playing,')	주어 (「子どもが遊んでいる」(아이가 놀고 있다) 에서 「子どもが」)	主语 (例:「子どもが遊んでいる」的「子どもが」)
4	目的語(例：「パンを食べた」の「パンを」が目的語)	object (e.g.「パンを」in the sentence パンを食べる '(I) eat bread,')	목적어 (「パンを食べた」(빵을 먹었다) 에서 「パンを」)	目的语 (例:「パンを食べた」的「パンを」)
5	副詞(例：パンを少し食べた」の「少し」が副詞)	adverb (e.g.「少し」in the sentence パンを少し食べた 'I ate a little bread,')	부사 (「パンを少し食べた」(빵을 조금 먹었다) 에서 「少し」)	副词 (例:「パンを少し食べた」的「少し」)
6	最後 さい ご	at the end	마지막에 , 끝에	最后
7	標準 ひょうじゅん	standard	표준	标准
8	静岡 しずおか	Shizuoka	시즈오카	静冈
9	東京 とうきょう	Tokyo	도쿄	东京
10	トリートメント(3課)	treatment (for hair)	트리트먼트 (treatment)	护发素
11	介護(4課) かい ご	nursing care	간호 , 돌봄	看护
12	介護保険(4課) かい ご ほ けん	nursing care insurance	간호보험 , 요양보험	看护保险
13	三日坊主(5課) みっ か ぼう ず	quitter, person who rapidly loses interest in things (lit. 'three-day monk')	작심삼일 (오래 지속하지 못함 , 또는 그런 사람)	三天打鱼两天晒网
14	年金制度(6課) ねんきんせい ど	pension system	연금제도	养老金制度
15	公務員(6課) こう む いん	public employee	공무원	公务员
16	種類(9課) しゅるい	kinds,types,	종류	种类
17	男もん(9課) おとこ	men's clothing	남성복 , 남자 옷	男装
18	鹿児島 か ご しま	Kagoshima	가고시마	鹿儿岛

	日本語	英語	韓国語	中国語
19	合わせる (11 課) → 合わせる (話を～)	fit,shape (a conversation) to suit the other participant(s)	맞추다	附和
20	ちゃんと (12 課)	properly	착실하게 , 제대로	认真地
21	つけ加える	add	덧붙이다 , 첨가하다	补充
22	～どおり	as ～	～대로	按
23	十分	fully	충분히	十分
	第13課　文化ノート			
1	評価	evaluation, opinion	평가	评价
2	イタリア	Italy	이탈리아	意大利
3	ジェノバ	Genoa	제노바	热那亚
4	アメリカ大陸	the Americas	아메리카 (America) 대륙	美洲大陆
5	～として	as a ～	～ 로서	作为～
6	研究	research	연구	研究
7	人物	person	인물	人物
8	北欧	northern Europe	북유럽	北欧
9	バイキング	Viking	바이킹 (Viking)	维京人
10	隊長	captain	대장	队长
11	Leif Erikson (人名：リーフ・エリクソン)	Leif Erikson	리프 에릭슨 (인명)	利夫・埃里克森 (Leif Erickson)（人名）
12	リーダー	leader	리더 (leader)	领袖
13	遠征隊	expedition	원정대	远征队
14	学説	academic theory	학설	学说
15	有力	convincing, considered likely (of a theory)	유력	有力
16	上陸する	make landfall	상륙하다	登陆
17	指す	refer to, indicate (lit. 'point to')	가리키다	指
18	発言	statement	발언	发言
19	カリブ諸島	Caribbean islands	카리브 제도	加勒比群岛
20	バハマ諸島	Bahamas	바하마 제도	巴哈马群岛
21	西インド諸島	West Indies	서인도 제도	西印度群岛
22	南アメリカ大陸	South America	남미 대륙	南美大陆
23	航海	navigate	항해	航海
24	探検する	explore	탐험하다	探险
25	原住民	indigenous inhabitants	원주민	原住民
26	虐殺する	massacre	학살하다	屠杀

	日本語	英語	韓国語	中国語
27	集落 しゅうらく	settlement, village	취락 , 촌락	部落
28	破壊する は かい	destroy	파괴하다	破坏
29	地 ち	place	땅	土地
30	奪う うば	plunder	빼앗다	掠夺
31	卑劣な ひ れつ	despicable	비열한	卑劣的
32	植民地化 しょくみんち か	colonization	식민지화	殖民地化
33	肯定的 こうていてき	positive, approving	긍정적	肯定的
34	表現 ひょうげん	expression	표현	表达
35	カビ	mold	곰팡이	霉菌
36	存在する そんざい	exist	존재하다	存在
37	見つけ出す み だ	find, discover	찾아내다 , 알아내다	找出
38	明らか あき	obvious	명확히	明了
39	認める みと	recognize, accept	인정하다	承认
40	世間 せ けん	public, society	세간 , 세상	世界
41	すでに	already	이미	已经
42	アジア大陸 たいりく	Asia	아시아 대륙	亚洲大陆
43	移動する い どう	move	이동하다	移动
44	ネイティブアメリカン	Native American	네이티브 아메리칸 (native American), 아메리카 원주민	美洲原住民
45	事実 じ じつ	truth	사실	事实
46	完全に かんぜん	completely, perfectly	완전히	完全地
47	否定する ひ てい	deny	부정하다	否定
48	無視する む し	ignore	무시하다	无视
49	否定的な ひ ていてき	negative	부정적인	否定的
50	好意的な こう い てき	favorable	호의적인	善意的
51	見方 み かた	view, way of seeing something	견해 , 관점	观点
52	盛んにする さか	fuel, invigorate	왕성하게 하다	使……繁荣起来
53	変化 へん か	change	변화	变化
54	もたらす	bring	가져오다 , 초래하다	带来
55	のちに	after	후에 , 뒤에	后来
56	世界的な せ かいてき	global	세계적인	世界性的
57	規模 き ぼ	scale	규모	规模
58	貿易 ぼうえき	trade	무역	贸易
59	きっかけ	opportunity	계기	契机
60	インディオ	Indigenous peoples of Central and South America (from Spanish indio)	인디오 (Indio〔스페인어〕), 중남미 원주민의 총칭	印第安

	日本語	英語	韓国語	中国語
61	農業 （のうぎょう）	agriculture	농업	农业
62	やり方 （かた）	way of doing (something)	방법，방식	方法
63	治療法 （ちりょうほう）	medicine, healing	치료법	治疗方法
64	接する （せっ）	make contact with	접하다	接触
65	植物 （しょくぶつ）	plant	식물	植物
66	伝える （つた）	transmit, communicate	전하다	传说